나만
잘되게
해주세요

나만
잘되게
해주세요

강보라 지음

자존과
관종의
감정 사회학

머리말

xxxxxx

나와 너는, 나와 우리 사이는 얼마나 떨어져 있을까? 자신의 품위를 스스로 지키는 자존과 타인을 통해 자신의 존재를 인정받고자 하는 관종의 사이는 또 얼마나 떨어져 있을까? 좀더 괜찮은 존재가 되기 위해서, 혹은 좀더 쓸모 있는 존재가 되기 위해서 오늘도 우리는 각자의 자리에서 고군분투한다. 그러나 정작 벅찬 일상의 전투 뒤에 숨은 마음을 제대로 들여다보고, 있는 그대로 이해해볼 기회는 많지 않다. 그렇기에 개인과 사회의 거리를 따지거나 자존과 관종의 간극을 헤아려보는 시도는 늘 '다음 번'으로 미루어진다.

이 책의 제목인 '나만 잘되게 해주세요'는 '조금이라도 잘못하면 가만두지 않을 테야'라고 으르렁거리는 것만 같은 뾰족한 시대를 살아가느라 그 어디와도 마찰이 생기지 않도록 아주 납작하게 줄여버린 이 시대의 마음들이 되뇌는 자기최면이다. 이 말 안에는 나만 잘될 수도 없고, 나만 잘된다고 해서 좋은 것만은 아님을 알지만, 나만을 이야기할 수밖에 없는 시대의 양가성이 배어 있다.

이 책의 부제인 '자존과 관종의 감정 사회학'은 엄밀한 의미에서 학문을 일컫는다기보다 사회의 마음을 본격적으로 해석해보고자 하는 진지한 마음가짐을 대변한다. 오늘날 이야기하는 마음이 비단 정신이나 심리로만 국한되지 않는, 복합적이고 폭넓은 개념이라는 데 착안해 다양한 미디어 · 문화현상을 여러 측면에서 바라봄으로써 '마음의 문제'에 다가가려고 했다.

각각의 글이 다루는 소재는 지난 몇 년간 한국 사회 곳곳에서 회자되었지만, 좀처럼 한쪽으로 마음을 정할 수 없는 문제들이다. 그리고 그 문제 안의 여러 마음을 내치기보다 되도록 끌어안아 보려고 했다.

이 책은 개인이 자기 자신, 타인, 사회와 맺는 관계의 거리에 따라 느슨하게 구성되었다. 1장에서는 혼밥, 개인 취향, 덕질 등 갈수록 더 강조되는 개인이라는 개념을 여러 관점에서 접근하고자 했다. 2장에서는 일상 안에 내재된 타인의 시선을 먹방, 리액션 비디오, 인성짤 등의 소재를 중심으로 풀어보았다. 3장에서는 오늘날의 소비 패턴과 주거 양식, 성장에 대한 고민과 지식을 선택하는 과정 등을 통해 스스로 그려가는 우리의 자화상이 어떤 모습인지 살펴보았다. 4장에서는 온라인으로 옮겨간 우리의 삶이 변화하는 방식을 기계와의 소통, 라이브 방송, 랜선 관계, 인증 문화 등을 통해 들여다보고자 했다. 물론 순서와 상관없이 독자들이 눈길이 가는 데로 글을 골라 읽어도 무방하다.

여기에서 일일이 열거할 수 없지만, 책 안의 글들에 숨길을 내어준 여러 우연에 감사를 전한다. 글을 열심히 쓰면서 살아가라며 응원을 아끼지 않는 친우들과 그러지 못하더라도 크게 다그치지 않을 가족에게도 감사의 마음을 표하고 싶다.

차
례

1장

×

혼자도
안녕
합니다

자리 있나요?
혼자입니다만

×××××

×

누군가와 함께하지 않을 자유

2016년 가을에 방송되었던 tvN 드라마 〈혼술남녀〉에는 혼술을 즐기는 이들이 등장한다. 남자 주인공인 진정석은 자신이 혼술, 즉 혼자 마시는 술을 즐기는 이유에 대해 이렇게 설명한다. '혼술은 다른 사람과의 페이스를 맞추지 않아도 되고, 다른 사람의 이야기에 억지웃음을 짓지 않아도 되고, 다른 사람을 위해 불필요한 에너지를 쓰지 않아도 된다'고 말이다.

주인공은 남들과 함께하는 와자지껄한 술자리 대신 호젓하게 앉아 홀로 술상을 받아들고 천천히 술을 음미한다. 귀에 꽂은 이어폰에서는 좋아하는 음악이 흘러나오고, 그 누구의 방해나 간섭도 받지 않은 채 자신만의 시간을 즐긴다. 그는 그렇게 철저히 혼자가 된다. 타의가 아닌 자의에 의해서.

혼술 또는 혼밥, 혼자 술을 마시고 혼자 밥을 먹는 현상을 일컫는 표현들이 몇 년 전부터 꾸준히 세간의 관심을 받고 있다. 그간 이러한 현상에 대해 미디어가 내놓은 반응은 긍정적이기보다 부정적이었다. 혼밥을 자주 하면 비만이 되기 쉽다고 지적하거나 혼밥 자체가 식사가 가진 순기능을 상실한 반사회적 행위임을 꼬집는다.

그와 반대로 온라인상의 담론은 혼밥을 문제적으로 보는 미디어의 시선에 오히려 문제가 있다고 보았다. 그리고 그 담론 안에는 혼밥이나 혼술을 누군가와 함께하는 것에서 소외된 결과로 보기보다 누군가와 함께하지 않는 것을 선택한 결과로 볼 수 있지 않느냐는 주장이 담겨 있다.

적어도 온라인 세상에서는 혼자 밥을 먹는 것은 물론 혼자 영화를 보고(혼영) 나아가 혼자 여행을 떠나는 것(혼행)을 응원하는 분위기다. '혼밥하기 좋은 ○○'이란 키워드로 검색하거나 지역명과 '혼밥'을 함께 검색하면 상당한 양의 정보를 얻을 수 있는 것은 물론이다.

한 온라인 커뮤니티에서 연재되었던 〈혼자서 밥 먹는 만화〉는 혼자 밥 먹는 이들을 주변인들이 핍박하는 내용을 담아 인기를 끌었다. 우리 사회에서 아직 밥을 혼자 먹는다는 것이 어색한 일임을 보여주는 데 치중한 이 만화는 그 후 크라우드 펀딩을 통해 '혼밥티'를 제작해 큰 호응을 얻기도 했다.

밥을 먹는 행위를 둘러싸고 발생한 미디어와 대중 간의 시각차는 몇 가지 질문을 하게 만든다. 혼밥과 같은 표현이 생겨난 지 한참이 지났지만, 여기에 지속적으로 이목이 집중되는 이유는 무엇일까? 우리가 그동안 밥을 혼자 먹은 적이 없었던 까닭일까? 혼자 밥을 먹는 사람이 급격히 늘어났기 때문인가? 아니면 혼밥이 오늘날의 숨은 사회적 기제와 어떤 관련을 맺고 있어서일까?

tvN 드라마 〈혼술남녀〉의 장면에 기대어 유추할 수 있는 한 가지 사실은 혼술 또는 혼밥이 타인과의 관계에 매몰된 자신을 되찾으려는 과정과 맞닿아 있다는 점이다. 그렇다면 다시 질문해보자. 우리는 언제부터 타인과 밥을 먹기 시작한 것일까? 그리고 밥을 먹을 때 우리 자신은 어디에 있었던 것일까?

무리 생활의 흔적, 함께 먹기

예전이나 지금이나 먹는다는 것은 잠을 자는 것과 같이 지극히 개인적인 행위다. 자신의 배고픔을 위해 누군가 대신 먹어줄 수 없는 것처럼 먹는다는 행위는 그 누구의 것도 아닌 나만의 것이 된다. 하지만 우리는 언제부턴가 이 개인적인 행위를 더는 개인적인 영역 안에서만 하지 않게 되었다. 먹는다는 행위 앞에 '함께'라는 수식어가 달리기 시작하면서부터 말이다.

추측건대, 먹기라는 개인적 행위를 다른 개인들과 함께 하기 시작한 여러 이유 가운데는 무리 생활의 관습이 한몫했을 것이다. 말하자면 자연의 위협을 피하고자 무리를 지어 살기 시작하면서 함께 먹고 자는 생활이 익숙해졌을 것이라는 말이다.

특히 무리 안에서 수렵과 채집을 담당하는 이들과 요리를 담당하는 이들이 나누어지면서 함께 먹는다는 의례는 그 의미가 강해졌을 가능성이 많다. 함께 밥을 먹는다는 의례에 곧 각자 맡은 일을 잘 수행한 것에 대한 보상의 의미가 포함되었을 것이기 때문이다.

이처럼 혼자가 아니라 함께 밥을 먹는 인류의 전통은 가족의 형태를 중시하는 가족(중심)주의가 등장한 이후 한층 공고해졌을 가능성이 높다. 여전히 밥은 남의 입이 아닌 내 입 안으로 들어갔지만, 내가 밥을 먹는 공간에는 항상 다른 누군가가 존재하게 된 셈이다.

1990년대를 풍미했던 DJ DOC의 〈DOC와 춤을〉은 다음과 같이 밥상의 추억을 불러들인다.

젓가락질 잘해야만 밥을 먹나요/잘못해도 서툴러도 밥 잘 먹어요/그러나 주위 사람 내가 밥 먹을 때 한마디씩 하죠/너 밥상에 불만 있냐/옆집 아저씨와 밥을 먹었지/그 아저씨 내 젓가락질 보고 뭐라 그래/하지만 난 이게 좋아 편해 밥만 잘 먹지 나는 나에요/상관 말아요요요.

이 가사에서 읽을 수 있는 것처럼 1990년대까지만 해도 밥상은 여러 사람이 함께 밥을 먹는다는 것을 의미했다. 그러다 보니 밥상에서 상당히 많은 일을 경험했다. '밥상머리 교육'이라는 관용어가 존재할 정도로 밥상의 어느 모서리에서는 훈계의 꽃이 피어나기도 했다.

훈계의 내용은 대체로 나이가 적은 이들이 밥상머리에서 지켜야 할 예절에 관한 것이었다. 때때로 밥상머리 교육은 단순한 훈계를 넘어 인생에 대한 계도로 이어졌다. 밥을 먹으면서 듣기에는 다소 무거운 주제였지만 말이다.

다른 한편으로 밥상에 모여 함께 밥을 먹는 관습은 '식구食口'와 같이 관계에 대한 정의로 발전하기도 했다. 단순한 사이가 아니라 밥을 매일 같이 먹을 정도로 가까운 관계, 즉 가족에 대한 정의도 밥상에서 탄생한 셈이다. 하지만 시간이 지나면서 밥상이 갖는 의미도, 식구가 표상했던 관계성도 점점 흐려졌다. DJ DOC의 노래가 밥상에 함께 앉아 있는 다른 누군가가 아니라 자기 자신을 향해 있었던 것처럼.

인류의 역사에서 다른 사람과 함께 밥을 먹는 관습은 음식을 나눔으로써 상대와 같은 무리에 속해 있다는 동질감을 느낄 수 있는 효과적인 방법이었다. 그렇기에 다른 사람과 함께 밥을 먹는 것은 타인과 관계를 맺는 가장 친밀한 표현이기도 하다. 타인이 나를 해치지 않을 거라는 믿음이 없는 한 함께 식사를 할 수 없었기 때문이다.

하지만 오늘날 다른 사람과 함께 밥을 먹는 관습을 통해 동질성을 확인하고 친밀감을 표시하는 방식은 과거의 그것과 사뭇 다른 의미의 결을 만들어낸다. 특히 요즘과 같이 면대면으로 관계를 맺는 것을 포함해 그 외의 다양한 방식으로 타인과 연결되었음을 느끼는 시대에는 더욱 그렇다.

네트워크의 발달로 인해 사람과 사람뿐만 아니라, 사람과 기계, 나아가 기계와 기계까지도 긴밀하게 관계하는 것이 현실화되면서 타인과의 관계에 대한 우리의 인식도 점차 변하기 시작했다. 단적인 예로 타인과 관계를 맺는 과거의 방식은 오늘날의 방식과 사뭇 다르다. 멀지 않은 과거의 우리가 타인과 관계를 맺는 방식은 직접 대면하거나 편지나 전화와 같은 커뮤니케이션 수단을 통한 것이었다.

오늘날의 우리는 이메일, 영상통화, 인스턴트 메시지, 실시간 채팅, SNS 등 수많은 방식을 통해 타인과 관계를 맺는다. '초연결성hyperconnectivity'의 접두어 'hyper'가 지칭하듯, 이는 인간의 기본적인 연결 욕구를 넘어서는 '과(도)함'

의 특성을 지닌다. 다른 식으로 보자면 내가 타인과 연결되고자 하는 욕구가 생겨나기도 전에 나와 타인을 연결한 '선先 연결' 상태가 고착되는 것이다.

이와 같은 관계 맺기 방식의 변화는 밥을 먹는 관습에 대한 우리의 생각과 태도에도 일정한 영향을 끼친다. 사람들 간에 연결될 기회나 가능성도 없던 과거에 '함께' 밥을 먹는 관습은 생존을 위해 영양분을 섭취하는 것 그 이상의 의미를 지닌 것이었다. 밥을 함께 먹는 시간을 통해 서로의 안녕을 파악하고, 이어지는 대화 속에서 서로의 삶을 공유할 수 있었다. 지금과 비교해보았을 때, 상대적으로 '적당하다'고 느껴지는 정도의 관계성을 맺고 살아가다 보니 식사 자리에 내가 아닌 다른 존재를 기꺼이 받아들일 수 있었다.

혼자의 시간

오늘날의 우리는 굳이 함께 밥을 먹지 않더라도 다양한 사람과 여러 방식을 통해 소통하며 우리가 인식하는 것 이상으로 관계를 맺고 있다. 소통의 질과 관계성에 대한 만족도에 대해서는 개별적인 차이가 있겠지만, 확실한 것은 우리가 충분히 어쩌면 과도하게 연결되어 있다는 사실이다. 누군가와 함께 식사하는 자리에서도 종종 초연결성을 확인하게 된다. 몸은 서로 식탁에서 마주하고 있지만, 마음과 정신은 식탁 앞의 이가 아닌 모바일 너머의 네트워크를 향해 있는 장면이 그 예다.

　그렇다고 모바일이나 네트워크를 없애는 것은 불가능할 것이다. 극단적인 방식을 통해 초연결성을 제거함으로써 사람들을 다시 식탁 앞으로 강제로 모여들게 하기는 어렵다. 그 대신 다른 방식을 시도해볼 수 있다. 때로 함께 식사하는 것을 벗어나 혼자 식사하고 싶다는 자신의 욕망을 충족시켜준다면 모바일과 네트워크의 단절 없이도 식사의 의미를 되찾을 수 있지 않을까? 그러다 보면 매일은 아니겠지만, 누군가와 함께 밥을 먹고 싶다는 생각이 자연스레 들지도 모를 일이다.

　시간과 사회에 얽매이지 않고 행복하게 배를 채울 때 잠시 동안 그는 이기적이고 자유로워진다. 누구에게도 방해받지 않고 누구도 신경 쓰지 않으며 음식을 먹는 고독한 행위, 이 행위야

말로 현대인에게 평등하게 주어진 최고의 치유 활동이라 할 수 있다.

일본 만화 원작으로 만들어진 드라마 〈고독한 미식가〉의 오프닝에는 이 내용을 담은 내레이션이 항상 등장하는데, 이 내레이션이야말로 오늘날 혼자 먹는 밥의 의미에 대해 적확하게 묘사하고 있는 설명이 아닌가 싶다.

제목 그대로 혼자 음식을 즐기는 주인공 이노가시라 고로井之頭五郎는 영업의 특성상 매일 고객을 만난다. 드라마 속 고객들 중에는 주인공에게 무리한 것을 요구하는 이도 있고, 무례하게 구는 이도 있다. 하루 종일 고객을 방문하고 여러 업무에 시달리는 주인공은 순간 '배가 고프다'고 느낀다. 그리고 경건한 의식을 치르듯 '혼밥의 시간'을 갖는다. 고객이라는 타인을 위해 하루하루를 사는 주인공이지만, 밥을 먹는 순간만큼은 철저히 혼자의 것으로 간직하고 싶은 것이다.

'함께' 먹는 밥이 갖는 의미가 퇴색해버린 이상 우리는 더는 밥을 먹기 위해 함께할 누군가를 반드시 찾지 않아도 된다. 밥을 함께 먹어야 한다는 관습적 명제에 '왜?'라는 질문을 던지기 시작한 것이다. 면대면의 관계 맺음이 유일무이한 선택지였던 역사적 시기가 지나감에 따라 식사의 의미에서 친교와 소통이라는 가치가 이전보다 옅어진 면도 있다. 그리고 이전에는 존재하지 않았던 다른 가치들이 밥을 먹는 행위에 덧붙여지고 있다.

예컨대 나 자신만의 시간을 확보하기 어려워진 환경에서 밥을 먹는 순간만큼은 고독 속에서 나다움을 되찾을 수 있는 기회를 갖는다. 타인과의 관계 안에서 자신을 찾는 대신 우리는 혼밥을 통해 먹는다는 본능의 욕구를 따름으로써 나 자신의 감각을 일깨운다. 말하자면 혼밥에서 타인과의 관계성은 일시적으로 휴면상태에 들어가는 것이다. 그럼으로써 '내'가 더 살아나는 것이다.

'그래, 이제부터는 혼자 즐기는 거야.' 이렇게 마음을 굳게 먹었지만, 보는 눈이 신경 쓰일 때가 있다. '왜, 밥을 같이 먹을 사람도 없어?', '혹시 사람들과 잘 못 어울리는 거 아냐?', '문제가 있는 건 아니고?' 무리에서 떨어져 혼자 무언가를 하기 위해서는 무수히 많은 질문의 산을 넘어야 한다. 그러나 기억해보자. 그 산은 무신경의 땅 위에 무관용의 자양분을 먹고 서 있는 경우가 많다.

　　혼자 밥을 먹는 것은 과거와 달리 무리 생활에 적응하지 못한 결과가 아니다. 따돌림을 받거나 사회생활의 실패로 혼자 밥을 먹는 것이 아니라, 정말 혼자이고 싶어서 자발적으로 선택한 것이다. 그러나 여전히 쉽지는 않을 것이다. 2인분 이하는 원래 없다는 듯이 구는 세상의 폭정 아래 혼자이기를 고집하는 당신과 나의 오늘이 녹록지 않을 거라는 이야기다. 그래도 고집을 피울 충분한 가치가 있다. 우리는 잠시 함께이지 않아도 괜찮은 유일무이한 존재이므로 다시 묻는다. '자리 있나요? 혼자입니다만.'

'개취'입니다,
'존중'해주세요

xxxxxx

x

어떤 음식 좋아하세요?

언제부터 시작된 건지 확실치는 않지만 온라인상에서 '개취존중(개인의 취향을 존중해달라는 뜻)'은 이제 하나의 정론이 된 듯하다. 누군가의 딴지에서 방어막을 치기 위해 '개취존중'해달라고 미리 못 박거나 끝없이 이어지는 댓글들 사이의 논란을 일단락시키기 위해 '취존(취향 존중)'을 요구하기도 한다. 여기서 취향이 동일한 의미에서 사용되는 것인지, 자의적으로 해석된 부분은 없는지에 대해 이견이 있을 수 있다. 그래도 편향된 취향을 중심으로 공동체화가 뚜렷해져가는 온라인에서만큼은 취향이 마법이라도 되는 양 모든 분란을 한순간에 종식시키는 것처럼 비친다.

하지만 온라인에서 오프라인으로 한 걸음만 옮겨가면 '취존'의 마법은 불현듯 사라진다. 특히 일상생활 가운데 음식에 관한 자신의 취향을 드러내기란 쉬운 일이 아니다. '어떤 음식 좋아하세요?'라는 질문에 '아무거나 다 잘 먹습니다'라고 답하는 것은 음식과 관련된 취향을 드러내도 될지 확실치 않을 때 가장 안전한 대답이 된다. 특정한 음식을 좋아한다고 밝히는 선호도, 반대로 특정한 음식을 싫어한다고 밝히는 불호도 남들 앞에 스스럼없이 내어놓는 것은 여러모로 망설여진다. 세세한 이유야 각기 다르겠지만, 한 가지 공통적인 이유는 나의 취향이 타인의 눈에 어떻게 비칠지를 염려한다는 점이다.

영어 단어인 'taste'는 미각, 즉 혀로 느끼는 감각을 일컫는 동시에 취향이라는 뜻도 함께 품고 있다. 우연 같아 보이지만 한편으로 몸의 감각이 사회적으로 구성되는 감각과 연결될 수 있다는 점에서 같은 단어가 미각과 취향이라는 두 가지 뜻을 담고 있는 것이 필연적으로 보이기도 한다. 프

랑스 사회학자인 피에르 부르디외Pierre Bourdieu는 취향을 통
해 사람들이 사회화되는 가운데, 말하자면 사회적 위치에
따라 특정한 성향을 만들어간다고 설명했다.

그에 따르면 취향이란 본질적인 방식으로 서로 간의 차
이를 드러내는 것인데, 사람들은 취향을 기준으로 나와 타
인을 분류하게 된다. 같은 원리로 나 자신 또한 나의 취향
때문에 다른 사람들에 의해 어떤 유형의 사람으로 분류 또
는 특정지어진다.

이런 관점에서 보면 음식에 관한 나의 취향을 드러내는
것은 내가 나를 어떤 사람이라고 드러내는 표현이자 남이
나를 어떤 사람이라고 받아들이게 되는 준거가 된다. 따라
서 엄밀하게 말하자면 우리가 타인과 함께 사회라는 테두
리 안에 존재하는 이상 개인의 취향은 오로지 개인의 취향
으로만 존재하기 어렵다. 타인의 눈은 그렇게 나의 취향을
만드는 데 어떤 방식으로든 관여하고 있다.

모든 취향의 문제가 그렇듯 음식 취향도 위계를 지향한
다. 사회 안에서 취향이 생성되는 이유가 나와 너를 '구별
짓기' 위함이라고 할 때, 이는 모두가 동일한 선상에서 취
향의 다양성을 확인하고 존중한다는 뜻이 아니다. 그보다

는 수직적 질서 안에 나의 취향이 어디에 자리하고 있는지를 남들과 비교함으로써 특정한 위치를 점유해나감을 의미한다.

극단적인 예로 누군가 매일 캐비아caviar(철갑상어 알을 소금에 절인 식품)와 트러플truffle(송로버섯)을 즐기는 취향을 가졌다는 것은 그것의 맛과 가치를 알지 못하는 이들보다 자신의 취향을 우위에 두고자 하는 욕구로 이해할 수 있다. 일각에서는 음식 취향이 갖는 상징적 의미를 빗대어 '음식 자본culinary capital'이라 일컬으며, 음식 자본을 획득하는 데 골몰하는 이들을 두고 '푸디foodie'라 부르기도 한다. 사회 계급적 배경을 통해 구성된 음식 취향이 일종의 사회 자본으로 활용되며, 사회 자본으로서 음식 취향을 적극적으로 확대재생산하는 이들이 등장했음을 뜻한다.

×

오이를 싫어하는 사람들이 살 만한 세상

이처럼 취향이 사회적으로 해석될 수 있다는 가능성은 한국 사회 내에서 조금 다른 방식으로 발전해나가고 있다. 하나는 타인에 의해 자신이 어떻게 구분되는지를 면밀하게 관찰하면서 자신의 취향을 만들어나가는 조류이고, 또 하나는 타인과의 구별 짓기에서 벗어나 자신만의 취향을 존중받기 위해 분투하는 현상이다.

전자의 예를 가장 잘 관찰할 수 있는 공간은 사진공유 애플리케이션인 인스타그램이다. 인스타그램에 먹스타그램이란 해시태그로 등록된 음식 사진만을 놓고 보아도 2019년 5월 기준으로 약 6,800만 장이 집계될 정도로 그 양이 상당하다. 먹스타그램에는 주로 맛집을 방문한 순간이나 자신이 직접 요리를 한 순간이 담긴다. 음식의 종류도 음식을 사진 안에 담은 사람도 모두 다르지만, 먹스타그램의 이미지들은 묘하게도 서로 닮아 있다. 달리 말하자면 음식을 담아내는 관점이 엇비슷한 모양을 띠고 있다.

그 속내 중 하나로 소셜미디어상에 공유된 개인의 취향은 타인에 의해 끊임없이 해석된다는 점을 언급할 수 있다. 먹스타그램 내에도 자신만을 위한 표현이라는 요소가 존재할 테지만, 타인과의 네트워킹이 기본적으로 담보된 소셜미디어 내의 표현물이라는 점에서 타인의 시선과 그에 따른 해석은 상당한 영향력을 가질 수밖에 없다. 따라서 타인과의 연결고리 안에서 그럴싸해 보이는 취향을 학습하고, 그 결과 서로 다른 이용자들이 공유한 수천만 장의 먹스타그램이 엇비슷한 소재와 형식으로 범주화되는 경향을 띠게 된다.

다른 한편으로 타인의 시선과 분리되어 자신의 취향을 존중받고자 하는 노력도 점차 늘어나고 있다. 일례로 2017년 페이스북에 개설된 '오이를 싫어하는 사람들의 모임'은 약 10만 명에 달하는 사람들의 지지를 받았다. '오이를 싫어하는 사람들이 살 만한 세상을 위해' 만들어졌다고 설립 취지를 밝히는 이 커뮤니티는 오이를 먹지 않는다는 이유로 주변 사람들에게 핀잔을 듣거나 오이를 빼고 음식을 주문할 수 없었던 경험을 공유한다. 또한 52(따로 읽으면 '오이'가 되는 숫자)가 들어간 에코백이나 버스 사진 등을 올리며 오이를 싫어하는 취향을 유희적으로 드러내기도 한다.

특히 커뮤니티 내의 구성원들은 오이를 싫어하는 까닭에 겪을 수밖에 없었던 수많은 사례와 유사한 개인적 경험이 있었음을 증언하며 자신만 그런 경험을 한 것이 아니었음에 안도한다. 이 커뮤니티 내에서 넘쳐나는 공감은 음식 취향을 드러낼 수 없었던 사례가 어쩌면 오이에만 국한된

게 아닐지도 모른다는 추측을 가능케 한다. 예를 들어 달걀 노른자나 익힌 당근을 싫어하는 제2의, 제3의 '오이를 싫어하는 사람들의 모임'이 생겨날 가능성도 있는 것이다.

또한 '오이를 싫어하는 사람들의 모임'에서 주목할 만한 건 특정한 음식에 관한 취향을 드러내는 행위에 엄청난 사회적 동력이 응집될 수 있다는 점이다. 나아가 이 사회적 동력이 취향을 있는 그대로 존중받지 못하고 '원래 이 음식엔 ○○가 들어가야 해', '편식하지 마', '주는 대로 먹어' 등 강요된 사회적 규범에 시달렸던 개인들의 억압된 욕망에서 비롯된 것임을 기억할 필요가 있다.

누구에게나 자신만의 '오이'가 있다고 가정해보면 어떨까? 즉, 타인과의 비교를 통해 형성된 취향이 아니라, 즉자적으로 생겨난 취향이 있다고 한다면? 그런 관점에서 개개인의 음식 취향을 존중하는 사회적 유연성을 측정한다면 한국 사회는 어느 정도의 유연성을 갖고 있다고 할 수 있을까? 감히 예상컨대 결코 높은 수치를 얻지는 못할 것이다. 여기에는 두 가지 특수한 이유와 한 가지 보편적인 이유를 생각해볼 수 있다.

취향의 다원화와 민주화

한국 사회가 개인의 음식 취향을 존중하는 데 인색했던 특수한 이유 중 하나는 한국의 음식 문화와 관련이 있다. 한국의 음식 문화는 밥과 국 이외의 찌개류와 반찬을 함께 먹는 것을 기본으로 한다. 대부분의 음식을 같이 나누어 먹기 때문에 식구가 여러 명인 가족의 식사를 준비한다고 할 때, 모두의 식성을 전적으로 만족시키기 어려워진다. 이와 같은 상황은 외식을 한다고 해도 마찬가지다. 한식은 반찬을 나누어 먹는 것을 기본으로 고기나 찌개와 같이 주메뉴를 함께 시켜 먹는다.

대부분의 주메뉴가 1인 단위라기보다 2인분을 기준으로 삼기 때문에 외식을 할 때도 개개인의 음식 취향은 존중되기 힘들다. 한국의 음식 문화에서는 1인분의 식사를 주문할 수 있는 외국 음식을 사먹을 때도 많은 경우 한식과 마찬가지로 같이 나누어 먹는다. 한 식탁에 앉은 이들이 같은 음식을 함께 먹는 한식의 문화가 외국 음식을 먹는 경우에도 고스란히 적용되는 것이다. 이와 더불어 메뉴 선택에서 사

회적 위계나 다수결의 원칙, 편의성과 신속성과 같은 요소
가 일정한 영향력을 행사한다는 점도 한국의 음식 문화 안
에서 개인의 취향이 받아들여지기 힘든 배경이 된다.

　개인의 음식 취향이 존중받기 어렵게 만드는 또 다른 특
수한 이유는 한국 사회 내에 나타나는 강력한 집단주의 경
향과 결부지어 생각해볼 수 있다. 어떤 문화권이든 개인주
의와 집단주의가 모두 존재하지만, 한국 사회는 '나'라는
개인보다는 '우리'라는 집단의 정체성이 강한 문화권으로
간주된다. 집단주의 문화의 특징은 개인의 욕구와 의견보
다 '나와 비슷한 사람들'로 규정되는 내집단ingroup의 가치
와 견해가 중요한 것으로 받아들여진다는 데 있다. 여기서
나와, 나와 비슷한 사람들은 개별적으로 존재한다기보다
동일성을 지닌 집합적 존재로 이해할 수 있다.

　따라서 내집단의 특성을 이해하는 것은 곧 나 자신을 이
해하는 일이 되고, 나의 본질을 파악하기 위한 준거를 내집
단에서 찾게 된다. 그에 따라 내집단의 반대 개념인 외집단
outgroup, 즉 '나와 비슷하지 않은 사람들'은 집단주의 문화
내에서 '너무 다른' 타자로 상정되어 부정적인 느낌을 준
다. '한국인의 입맛에는 역시 김치'라든가 '한국인은 (빵보

다는) 밥심'과 같은 언설에서도 보듯 한국 사회는 내집단의
속성을 특정한 형태로 규정함으로써 집단의 정체성을 강화
해나가고 있음을 확인할 수 있다. 이런 문화 내에서 개인은
내집단의 가치를 벗어나는 음식을 선택하는 데 상당한 압
박을 느끼게 되는 것이다.

마지막으로 개별적인 음식 취향이 존중받지 못하는 보
편적인 이유는 시대적 유행에 따라 취향의 위계가 변화하
기 때문이다. 일례로 소금을 들 수 있다. 일반적으로 소금
은 많은 문화권에서 통용되는 식재료로 한국 사회에서도
꾸준히 사용되어왔다.

하지만 2000년대 초반 '웰빙' 열풍이 불면서 덜 짠 소금
에 관한 관심이 늘어났고, 그 이후부터 소금이 차지했던 위
상이 점차 약해지고 있는 추세다. 입맛이 상대적일 수 있다
는 가능성을 감안하더라도 주변국가의 음식보다 '강(렬)한
맛'을 내세웠던 한국의 밥상에서 소금이 사라지고 있다는
사실은 주목할 만한 변화다.

때로 변화한 입맛의 기준에 따라 다른 문화권의 음식이
폄하되기도 한다. 예를 들어 여행을 갔던 문화권의 음식이
'너무 짜기 때문에' 요즘 시대의 취향을 거스르는 '뒤처진

음식'이 되는 것이다. 결과적으로 오늘날 한국 사회에서 저염식 나아가 무염식이 '좋은 취향'으로 받아들여지고 있음을 볼 때, 음식에서 취향의 위계가 시대의 가치와 관념에 따라 바뀐다는 사실을 알 수 있다.

짧지 않은 기간에 취향은 나와 타인의 위치를 수직적 차원에서 가늠할 수 있게끔 도와주는 척도로 이해되었다. 그러나 수평적인 차원에서 개별적인 사회 존재에 대해 다성성多聲性의 윤리가 강조되는 시대에 취향은 새롭게 해석될 필요가 있다. 개인의 취향을 존중해달라는 요구는 그것이 언어적으로 표면화되는 것을 넘어 사람들의 마음을 설득했을 때에야 비로소 완성되는 것이다.

'오이를 싫어하는 사람들의 모임'에서 이루어지는 여러 성토와 공감이 온라인 커뮤니티를 넘어 이들의 취향에 대해 전혀 알지 못했던 사람들에게까지 전해지는 것이 '개취 존중'의 1차적인 목표라면, 누구에게나 '오이'와 같은 존재가 있기에 상호 간에 존중하는 자세가 중요함을 깨닫는 것이 2차적인 목표가 될 수 있다.

그때에야 비로소 한국 사회가 취향의 다원화와 민주화에 대해 조금씩 이야기하기 시작했다고 할 수 있지 않을까?

분명 쉽지는 않겠지만, 굳이 누군가 '개취존중'을 언급하지
않아도 취향이 존중되는 미래가 멀지 않았음을 취향껏 상상
해본다.

'나'를 위한
변명

×××××

×

내가 행복한 나라

"나만 잘되게 해주세요. 꼭 나만." 한 어린이가 새해 소망으로 적어냈다고 알려진 이 한마디가 소셜미디어를 수놓았다. 누군가는 일출을 보러 간 바닷가의 모래사장 위에, 누군가는 새해 기도를 올리러 간 사찰의 소원비에 같은 문장을 적었다. 손재주가 좋은 어떤 이는 이를 주제로 웹툰을 그리기도 했고, 어떤 이는 이 문장을 새긴 스마트폰 케이스를 주문 제작하기도 했다.

비슷한 풍경은 박근혜 정부에서 '국민이 행복한 나라'라는 캐치프레이즈를 내세웠을 때도 펼쳐졌다. 온라인 커뮤니티에는 '국민이 행복한 나라'를 '내가 행복한 나라'로 변모시킨 풍자가 가득했다. 그럴싸한 풍자 뒤로 지칭하는 이가 누구인지 모를 '국민'보다는 확실한 '내'가 우선 행복한 게 중요하지 않겠냐는 반문이 숨어 있는 듯했다.

최근에 출간된 에세이 분야의 책들을 보더라도 '나'에게 집중하는 경향이 두드러진다. 저마다 힘들고 지친 나를 위로하는 법이나 나만의 작은 행복을 추구하는 방법을 소개한다. 물론 책에서 말하는 '나'는 독자인 '나'와 다른 존재이긴 하지만, 책이 '나'라고 호명해주는 것 자체만으로 책의 이야기는 나의 이야기가 되는 듯하다.

20대 대학생들을 중심으로 큰 팬덤을 형성했던 웹툰 〈대학일기〉의 한 에피소드에서 주인공은 '인생은 어차피 혼자'라며 자기만의 시간에 집중한다. 때로 친구들과 만나 노는 것도 좋지만, 혼자 영화를 보고 혼자 노래방에 가는 편이 더 편하다고 고백한다. 독자들은 이에 크게 공감하며 타인과 시간을 갖고 난 후에는 피로감을 해소할 수 있는 나만의 시간을 가져야 한다고 입을 모은다.

10대들이 주요 패널인 EBS〈배워서 남줄랩〉에서 한국
의 근현대사 강의를 펼친 사회학자는 '이 역사가 여러분 부
모님의 이야기'이기에 관심을 가지라고 권하지만, 10대들
에게서 '관심 없다'는 대답이 돌아온다. 지금 '나'에게 집중
할 시간도 부족한데, 그 대상이 아무리 부모라 할지라도 굳
이 다른 사람의 이야기에 귀 기울여야 하는지 이해할 수 없
다는 반응이었다. 한 영화평론가는 '나'를 중심으로 하는
서사가 강화되는 이 같은 징후에 힘을 보탰다.

최근 몇 년간 발표된 독립 다큐멘터리에는 모종의 공통점이
있는 것 같아요. 형식적인 만듦새는 거칠고 화자가 세상을 향
해 토해내는 불만은 그 어느 때보다도 강하달까요. 특이한 건
주인공이 그렇게 세계 말하는 공간이 모두 자기 방이라는 점
이에요. 거리로 나가 다른 사람들의 이야기를 듣는 경우는 드
물어요. 다들 자기 방에서 내가 얼마나 힘든지 경쟁하듯이 외
치고 있는 거죠.

나의 문제, 나의 미래, 나의 행복. 10년 전까지만 해도 우
리의 문제, 우리의 미래, 우리의 행복이었던 것들이 어느새

나의 것으로 치환된 것일까? 그게 아니라면 이 둘은 원래 별개의 문제였던 것인가? 최근의 우리는 왜 자신에 대해 집착하듯 이야기하게 되었을까? 나에 대해 이야기하는 것이 왜 그토록 중요하게 되었을까?

나에 대한 이야기가 폭발적으로 늘어나고, 앞다투어 나에 대해 이야기하고자 하는 욕망이 늘어난 것에 대한 세간의 즉각적인 반응은 '이기주의가 판을 친다'는 식으로 나타난다. 나를 생각하는 것을 넘어 '나만'이라고 강조할 때, 이기주의의 득세에 대해 염려하는 시선은 한층 짙어진다. 여기서 드는 의문은 이기주의를 반드시 부정적인 것으로 치부해야 하는지에 대한 문제다.

×

이기주의 대 이타주의

어린 시절을 되돌아보더라도 집에서나 학교에서 이기주의는 줄곧 나쁜 것으로 이야기되어왔다. 남을 돌보지 않고 자신만 위하는 생각과 태도를 이기주의라 칭했고, 이는 공동체의 선善을 추구해야 마땅한 사회 구성원으로서 매우 불량

한 요소로 지적되기 일쑤였다. 사회적으로 이기주의를 부정적으로 인식하게 된 배경은 이기주의가 이타주의의 대척점에 놓인 것과 관련 있다. 특히 윤리적인 차원에서 이타주의가 이기주의에 비해 상대적으로 후한 평가를 받았다는 점이 이기주의에 관한 부정적인 인식을 강화하는 계기가 되었다고 할 수 있다.

개념적으로 이기주의와 이타주의는 선을 추구하는 동기에서 차이를 갖는다. 이에 따라 이기주의와 이타주의는 서로 대립하는 것으로 이해되어왔다. 여기서 선은 이익을 뜻하며 이기주의는 개인의 이익을, 이타주의는 타인의 이익을 우선시한다고 해석한다.

개인의 이익을 추구하는 것의 끝에는 쾌락이 자리하고 있다고 여겼고, 쾌락은 즉각적인 자기만족에 지나지 않는다고 치부되었던 까닭에 이기주의가 인류의 보편적인 가치에 도달하지 못하는 것으로 보았다. 즉, 이기주의적인 태도가 추구하는 선은 개인 안에서 시작되고 끝을 맺을 뿐 그 이상으로 뻗어나갈 수 없다는 점에서 가치 절하된 것이라 할 수 있다.

이와 같은 통상적인 인식에서 잠시 벗어나 보면 이기주

의와 이타주의는 개인과 사회가 어떻게 구성되는지에 관한 견해의 차이에서 비롯된다고도 할 수 있다. 이기주의는 개인에게 타인과 사회에 대해 방어적인 태도를 취하도록 주문한다. 우연적인 이타성을 기대하기보다 자기의 이익을 선취選取함으로써 존재를 지켜낸다. 이기주의는 개개인 모두가 이와 같은 태도를 지녔다고 가정하기 때문에 적어도 이기주의라는 단일한 개념적 범주 안에서는 중립성을 지킬 수 있다.

이와 다르게 이타주의는 개인에게 공동체를 전제한 사고를 하도록 유도한다. 나의 것보다 남의 이익을 우선시할 수 있다는 것은 두 가지를 의미한다. 우선 나와 남이 크게 다르지 않은, '우리'라는 인식이 담겨 있다. 또한 내가 이타적으로 행동했던 것처럼 누군가가 자신의 이익보다 타자인 나의 이익을 먼저 추구할 가능성이 있음을 뜻한다. 바다에서 허우적대는 누군가를 구하기 위해 사람들이 손을 잡고 '인간 띠'를 만든 것과 같은 논리다. 공동의 목표를 향해 나아가고 있다는 서로에 대한 믿음이 있을 때 이타주의는 실현가능해진다.

하지만 이것은 어디까지나 개념적인 차원에서 말해지는

이야기다. 현실을 들여다보면 문제는 그리 간단치 않다. 예를 들어 개인 간의 이익이 충돌할 수도 있고, 개인과 사회의 이익이 대립할 가능성도 충분하다. 이런 경우 이타주의는 온전하게 실천될 수 있는가? 이타주의로 출발했으나 이기주의로 변질될 가능성은 없는가? 현실에서 발생하는 사안들은 동일한 선상에서 이기와 이타 중 하나를 선택하도록 만들지 않는다. 그것은 양자택일보다 훨씬 더 복잡한 선택지를 제시하며 우리를 고민에 빠뜨린다.

이기적인 태도를 취하는 것에 대해 마음의 빚을 지게 되는 것은 한국 사회의 특수성과도 연관이 있어 보인다. 개인을 존중하는 것보다 집단을 중시하는 집합적인 문화를 형성한 한국 사회는 이를 유지하기 위해 필요 이상으로 이기주의를 폄하해왔는지 모른다. 이기주의에서는 불가피하게 개인을 드러낼 수밖에 없는데, 강한 개인들의 사회는 집단성을 약화시키는 결과를 초래한다.

더불어 한국 사회는 나이와 학벌 등을 중심으로 수직적인 질서를 유지해왔던 터라 어떤 면에서는 약자의 희생이 필연적이었다고 할 수 있다. 이에 따라 사회 전반에 걸쳐 이타주의가 갖는 도덕적 우월성을 설파함으로써 주로 '약자'

인 경우가 많은 평범한 개인들의 이기적인 선택을 망설이
게 만든 것이다.

×

이기주의에 대한 오해

이타주의와 이기주의를 대척점에 놓고 이기주의를 부정적
으로 보도록 교육받아왔지만, 이타주의는 점차 약세를 띠
는 모양새다. 그 원인으로 2000년대 이후 강화되고 있는 몇
가지의 경향을 주의해볼 필요가 있다. 하나는 신자유주의
적 경쟁 체제의 심화다. 근원적으로 신자유주의적 경쟁과
윤리적 이타주의는 공존하기 어렵다. 서로 상충하는 가치
를 포괄하기 때문이다. 구조적인 압박에 의해 경쟁에서 생
존해야만 하는 개인은 무자비하리만큼 극단적인 이기주의
를 표방하도록 내몰렸다고 할 수 있다.

　이타주의를 약화시키는 다른 경향으로는 상호적인 대화
의 부재를 언급할 수 있다. 온라인 커뮤니티와 소셜미디어
의 발전은 개인이 발화할 수 있는 창구를 늘렸다고 할 수
있다. 하지만 그것이 반드시 다른 개인들과의 대화와 같은

형태를 지녔다고는 볼 수 없다. 다양한 커뮤니케이션 수단을 통해 화자가 급격히 증가한 반면에 그 누구도 청자가 되고 싶어 하지 않는 비대칭적인 구조는 이타적 사고를 봉쇄한다.

이 가운데 사회적 상호 신뢰 수준이 낮다는 점도 이타주의를 가로막는다. 일정한 경제적 수준을 달성한 국가들을 대상으로 다른 사회 구성원에 대해 신뢰할 수 있는지를 묻는 조사에서 한국은 여러 차례 하위에 머물렀다. 일각에서는 공정하지 못한 구조적 문제를 근원으로 보는 한편, 정론 正論의 기능을 잃은 언론이 센세이셔널리즘을 지향해 대중에게 실제보다 사회가 불안하다고 느끼는 심리적 효과를 불러일으킨 것을 문제 삼기도 한다.

이상적인 차원에서는 이타주의를, 실질적인 차원에서는 이기주의를 지향하는 한국 사회의 모순은 공격적이고 비겁한 태도를 양산했다. 일례로 온갖 변칙이 난무하는 상태에서 이익은 누구보다 빨리 선점해야 하는 목표 그 자체가 되었다. 삶을 '만인의 만인에 대한 투쟁'으로 여기고 방어적이면서도 전투적인 자세를 유지한다. 이익을 남보다 먼저 취하지 못하면 자기 자신을 자책한다.

졸렬해 보이지만, 자신이 갖지 못한 이익을 남도 얻지 못한 것에 만족을 느끼기도 한다. 상대의 아픔이 나의 쾌감이 되는 '샤덴프로이데Schadenfreude'가 만연해진다. 그마저도 어려운 상황이라면 외적인 것들에 관심을 끊고 자신 안으로 파고든다. 외부와의 연결점은 찾지 못한다. 이타주의가 없는 이기주의에서 나 이외의 존재는 의미가 없으므로 나에 관한 이야기만을 늘어놓게 된다. 나의 행복, 나의 아픔, 그리고 온통 나.

나에 관한 이야기가 많아진다는 것은 진정한 의미에서 이기주의도 이타주의도 제대로 작동하지 못함을 일러준다. 내재화되지 않은 채 도덕적 채무감만 안겨주는 이타주의와 자신이 필요치 않은 것까지도 자신의 이익으로 간주해 탈취하는 이기주의 사이에서 우리는 성장하기 어렵다.

앞으로 나아가지 못하고 있는 나의 이야기들에 길을 터주기 위한 새로운 가능성을 생각해본다. 우선 이기주의와 이타주의의 대립 관계를 해체해보면 어떨까? 이기와 이타의 대립 구조는 나누어 먹을 파이가 하나인데, 그것을 모든 개인이 나눈다는 전제에서 비롯되는 것으로 볼 수 있다. 개인의 목표가 스스로 정한 것이 아니라 사회가 지정한 것일

경우, 이와 같은 사회적 전제는 효과적으로 들어맞는다. 몇 몇은 비밀리에 이기성을 발휘하고, 대부분 이타성에 볼모로 잡혀 결과적으로는 불공정한 구조를 재생산하게 된다.

그러나 조금만 관점을 바꿔 세상에는 모두가 나누어도 충분할 만한 여러 개의 파이가 있다고 한다면 어떨까? 사회가 정한 특정한 파이가 아니어도 개인이 다양한 선택을 하고, 그 선택이 존중받을 수 있다면? 그렇다면 남의 것을 빼앗지 않고도 나의 이익을 추구하는 것이 용인될 수 있지 않을까?

이기주의 대 이타주의가 아닌 이기주의와 이타주의. 인류의 근원을 짚어온 철학적 토대를 바꾼다는 것이 쉽지는 않을 것이다. 하지만 시대와 함께 인간의 본성도 조금씩 변해왔음을 감안한다면 그리 불가능한 제안은 아닐지 모르겠다. 그럼으로써 이기와 이타의 공생관계, 혹은 상보적 관계가 가능해질 수도 있다. 이기주의에 대한 오해가 풀릴 때까지만이라도 개인을 위한 변명을 되뇐다.

덕질의
시대

×××××

×

행복 회로를 돌린다

일본 만화 『해파리 공주』의 주인공 쓰키미는 자타공인의
해파리 덕후다. 어린 시절부터 해파리 그림을 차곡차곡 모
았고 희귀한 해파리 이름을 줄줄이 꿰고 있는 것은 물론 동
네 수족관에 있는 해파리에게 이름을 붙여 매일 들여다볼
정도다. 쓰키미의 주거 공동체에는 20~30대의 인형 덕후
와 삼국지 덕후와 철도 덕후 등이 함께 살고 있는데, 모두
자신이 좋아하는 대상에 대부분의 시간을 할애하며 주변

일상에는 큰 관심을 두지 않는다는 공통점을 갖고 있다.

쓰키미와 그녀의 동거인들처럼 전적으로 덕질에 몰입하지 않더라도 오늘날 어떤 형식으로든 덕질을 하고 있는 사람은 상당한 것으로 짐작된다. 몇몇 유명 온라인 커뮤니티의 상황만을 보더라도 세상에 존재하는 거의 모든 것에 관한 덕질의 역사가 고스란히 담겨 있어 그 추정을 강화한다. 그 속에서 우연히 마주하게 되는 덕질이 가진 범위와 깊이를 가늠하기 어려워 내심 놀라기도 한다.

덕후들의 세상 속에서 덕질은 종종 '행복 회로를 돌린다'고 표현된다. 결코 행복하기 힘든 비관적인 상황에서 의도적으로 행복한 생각을 하고자 할 때 덕질은 그 진가를 발휘한다. 가까운 이와 불화를 겪을 때, 학교나 직장에서 어려운 일을 당했을 때, 혹은 일상의 그 어떤 것에서도 의미를 찾기 어려울 때, 누군가에게 덕질은 비루한 현실을 이겨낼 수 있는 힘을 안겨준다.

덕질은 본디 덕후의 산물에서 출발했다. 일본 '오타쿠'를 한국식으로 표현한 '(오)덕후'는 오랫동안 SF, 만화, 애니메이션 등의 하위문화를 열정적으로 추종하는 특정 부류의 사람들을 지칭했다. 덕후라는 용어가 2000년대 중반 온라인상의 하위문화 커뮤니티에서 사용되면서 사람들에게 널리 퍼져나가는 동안 덕후에 대한 대중적인 인식에도 변화가 존재했다.

일본 사회 내에서 오타쿠는 하위문화에 강박적으로 집착하며 반사회적인 특성을 보이는 존재로 그려졌다. 1980년대에 일본에서 오타쿠가 사회적으로 관심을 받기 시작한 것도 대외적인 관계에서 자기 자신을 스스로 소외시키다가 범죄로 발전한 몇몇 사례와 관련이 있다. 이 사례에서 집에 틀어박힌 이들이 갖는 공통적인 '오타쿠적인 습성'을 발견했다고 공표한 것이 시초가 되어 지금까지 일본 사회에서는 오타쿠에 대한 고정관념이 남아 있는 것으로 보인다.

반면에 한국 사회에서 덕후 개념은 하위문화에 마니아적인 습성을 보이는 이들이 유희적인 차원에서 스스로 그렇게 지칭하는 가운데 퍼져나갔다는 점에서 일본의 용례와 차이를 지닌다. 또한 초기의 덕후 개념이 소수의 하위문화를 추종하는 이들에게만 국한되었던 것에서 지금은 한층 다양한 대상의 마니아를 포괄하는 것으로 변화하면서 덕후는 대중적인 표현으로 자리 잡았다.

그에 따라 오늘날 덕후가 행하는 덕질의 유형도 다양하

게 언급된다. 만화나 애니메이션이나 게임, 그리고 그 안의 캐릭터는 물론 배우나 아이돌처럼 현실세계에 존재하는 유명인도 덕질의 대상이 될 수 있다. 또한 덕질의 대상이 하위문화적인 특성을 지닐 수도 있지만, 주류의 대중문화적인 특성을 띠더라도 크게 문제되지 않는다. 중요한 것은 그 대상에게 덕질을 유지시킬 수 있는 가능성이 얼마나 존재하느냐에 있다.

텍스트 밀렵꾼들

덕질의 첫 걸음은 자신만의 덕질을 가능케 만든 대상을 발견하는 것이다. 무언가의, 또는 누군가의 덕후가 되었다는 자기 고백에서 공통적으로 발견할 수 있는 요소는 우연성에 있다. '덕질을 시작해봐야지'라고 마음을 먹고 그 대상을 찾기보다는 우연한 기회에 '입덕(덕질에 입문)'하게 되는 것이다. 2010년대 들어 덕질이 대중화되면서 입덕하는 순간을 교통사고에 빗대어 '덕통사고'라거나 '(무언가에) 치인다'고 표현한 부분도 같은 맥락이라 할 수 있다.

어떤 애니메이션의 세계관에 깊이 감명했을 때, 어떤 캐릭터의 표정을 잊을 수 없을 때, 혹은 어떤 아이돌의 인터뷰에서 진솔함을 엿보았을 때 누군가는 입덕한다. 과장을 조금 보태자면 입덕은 자기의 의지와 관계없이 무언가에 강렬하게 끌리는 경험 그 자체다.

자신만의 개인적인 이유로 입덕을 하더라도 모두가 덕후로서 진정성을 인정받는 것은 아니다. 우선 덕질에는 일정한 비용이 든다. 대표적으로는 덕질에 투자하는 돈과 시간을 언급할 수 있다. 단순히 덕질 비용을 많이 들였다고 해서 덕후로서 인정을 더 많이 받는 것도 아니다. 하지만 덕질에 많은 비용을 투자할수록 한층 애정을 가질 수 있는 기제가 형성되는 것은 사실이다. 덕질에 대한 무상함을 느끼는 순간과 마주하더라도 이제껏 쌓아올린 덕질 비용 자체가 자신이 무언가에 열중했던 역사를 보여주는 것이 되기 때문이다.

덕질 비용 외에도 덕후로서 진정성을 획득하기 위해 덕력(덕후의 능력)을 검증받는 경우도 있다. 덕질 대상에 관해 많은 정보를 갖고 있거나 많은 시간과 노력을 투자한 결과가 가시적으로 드러날 경우, 덕력은 인정받을 수 있다. 같은 대상을 좋아하는 덕후들 간에는 모종의 동료 의식과 경쟁 의식이 동시에 존재한다. 모순된 감정의 줄다리기 속에서 덕력 인증은 다른 이들보다 자신이 좋아하는 대상에 조금 더 가까이 다가갔음을 보여주는 징표가 된다. 덕질 비용과 덕력 인증 간에 일정한 상관관계가 형성된다고도 볼 수 있기에 입덕 이후의 과정은 생각보다 간단치 않다.

한국 사회에서 가장 충성도가 높으면서도 대단위의 영향력을 보여주는 덕질은 아이돌 팬덤에서 찾을 수 있다. 픽션 속의 캐릭터와는 달리 실존하는 인물인 아이돌의 팬은 아이돌의 24시간을 함께하기 위해 여러 가지의 덕질을 수행한다. 아이돌의 음원 차트 성적을 위해 수시로 스트리밍 서비스를 이용하고, 아이돌에 관한 온라인상의 평판을 관리하며, 아이돌을 홍보하기 위해 굿즈goods를 만든다.

이런 점에서 한국 사회의 아이돌 덕질은 일본의 오타쿠 문화와 서구의 팬 문화가 결합된 형태로 볼 수 있다. 팬으로서 대상을 좋아하는 마음을 갖는 동시에 그 마음을 유지하기 위해 관련된 활동에 몰입한다는 부분에서 그렇다. 또한 서구의 팬 문화도 등장 초기에는 오타쿠 문화만큼이나 하위문화적인 현상으로 치부되었다는 점에서 공통점을 찾을 수 있다. 팬fan이란 단어가 광신도fanatic에서 파생된 사실만 보더라도 팬 문화가 형성되던 초기의 팬이 사회적으로 어떻게 받아들여졌을지 어렵지 않게 상상할 수 있다.

2000년대 이전의 사회에서는 스포츠 분야의 홀리건처럼 맹목적이고 난폭한 유형의 팬만이 팬 문화를 이루고 있을 것이라는 인식이 팽배했다. 이 같은 팬에 관한 고정된 이미지가 하루아침에 사라진 것은 아니었다. 1990년대 초 헨리 젠킨스Henry Jenkins는 『텍스트 밀렵꾼들Textual Poachers』이라는 책을 통해 당시의 팬과 팬 문화에 대한 부정적인 시선을 거두려고 시도했다. 자기 자신도 학자이자 팬이라고 자처하는 젠킨스는 〈스타 트랙Star Trek〉 등의 영상 콘텐츠를 집중적으로 소비하는 팬 커뮤니티가 그저 광신도들의 집합이 아니라고 보았다.

그에 따르면 팬들은 자신이 좋아하는 대상을 적극적으로 해석하려고 노력한다. 그뿐만 아니라 자신만의 시각으로 2차 콘텐츠를 만들어내기도 하는 등 생산적인 팬 문화를 만들어나가는 역할을 한다. 이후에도 젠킨스는 팬 문화와 관련된 여러 저술을 내놓으며 팬과 팬덤의 가능성을 강조했다. 그가 팬과 팬들이 만들어가는 문화를 실제보다 과대

평가했다는 비판이 일기도 하지만, 여전히 주목할 만한 지점은 존재한다.

×
개인과 사회를 구원하는 덕질

인터넷의 발전은 덕질의 유형과 영역을 넓히는 데 크게 일조했다. 그중에서도 온·오프라인 세상 간의 연결은 팬이 덕질을 하면서 사회적 관계 맺기를 경험할 수 있도록 도왔다. 덕질의 대상과 직접적인 관계를 맺지 않더라도 가상의 관계를 상상하는 기회를 얻게 된 것이다. 누군가 또는 무언가를 좋아해 덕질을 시작하는 나이가 청소년기라고 가정한다면 이때의 사회적 관계 맺기가 갖는 진폭은 상당하다고 할 수 있다. 청소년기의 존재에게 덕질이 제공한 사회적 관계가 가정과 학교를 넘어서는 첫 사회적 경험이 될 수도 있기 때문이다.

한국 사회 내에서 청소년으로서, 심지어는 20대 청년이 되어서 경험하게 되는 사회적 관계의 범위는 그리 넓지 않다. 끊임없는 경쟁 체제 속에서 살아남도록 훈련받아온 이들에게 타인과의 관계는 모순되거나 사치스러운 것이 될 수밖에 없었다. 그런 상황에서 그저 좋아서 시작한 덕질은 10~20대의 젊은 세대가 자신을 정체화하고 자기만의 서사를 만들어갈 수 있도록 돕는다.

팬은 덕질의 대상과 자신을 동일시하기도 하고, 자신과 대상 사이에 어쩔 수 없이 존재하는 차이를 인정하면서 조금씩 성장한다. 팬 자신의 성장과 함께 자신이 동경하는 대상과의 관계도 앞으로 나아간다. 팬으로서 즐거워하고, 때로 슬퍼했던 감정적 경험이 자신을 조금 더 이해할 수 있는, 나아가 타자와 사회를 좀더 이해할 수 있는 상상력의 근간이 된다.

한편 덕질을 함께하는 팬 커뮤니티가 팬들에게 크고 작은 사회적 관계를 제공하기도 한다. 팬으로서 공통된 정체성을 공유하는 가운데 팬들은 집단으로서 발휘하는 영향력을 경험하게 된다. 아이돌 팬 커뮤니티의 예를 들어 설명하자면 아이돌의 이름으로 기부와 선행을 베풀고, 아이돌의 입장에서 요구할 법한 사항을 연예기획사나 방송국 등 관련 기관에 전달하는 식이다.

이 같은 기회를 통해 팬들은 개개인이라면 시도하지도

또 시도할 수도 없는 종류의 경험을 한다. 그리고 혼자서는 어려운 일이 팬 커뮤니티와 같은 집단이라면 얼마든지 실현가능한 일이 될 수 있음을 깨닫는다. 집단의 힘을 직접 체험하며 참여문화가 갖는 가능성을 확인하는 것이다.

이렇게 보면 덕질을 그저 몰입된 취미 활동으로만 치부하기 어려워진다. 개인적인 차원에서 시작된 덕질이 타자와 타자를 연결하는 사회적인 관계로 확장되면서 그 의미를 확장하고 있기 때문이다. 그렇다면 덕질이 우리 자신과 사회를 구원하고 있는 이 상황을, 말하자면 덕질이 아니었다면 더 단절되고 소외되었을 관계를 한데 모아 그 안에 새로운 가능성을 불어넣고 있는 이 현상을 어떻게 바라보아야 할까?

그 어느 때보다 덕질이 부상하고 그 힘이 인정받는 건, 개인의 자기표현이 과거와는 다른 방식으로 이루어지고 있음을 뜻한다. 예전부터 개인은 사회 구성원으로서 쓸모가 있음을 증명하도록 요구받아왔다. 2000년대 이전까지만 해도 그러한 사회적 요구에 대해 개인은 자신의 정치경제적 행위를 드러냄으로써 그 의미를 인정받았지만, 지금의 개인은 사회적 요구에 부합해야 하는 필요성 자체를 그리

느끼지 못한다는 점에서 차이를 지닌다.

　그 대신 자신에 대한 존재증명은 자신이 좋아하는 대상을 따르는 것을 통해, 즉 즐거운 감정을 한껏 드러내는 방식을 통해 이루어진다. 이는 어떻게 보면 개인에게 자신의 존재증명이 더는 사회의 거대 담론과 공명할 때가 아니라 자신의 사적인 욕구를 발현할 때 비로소 획득할 수 있는 것임을 알려준다.

　이 시대의 덕질은 감정을 기반으로 개인의 자기 증명을 위한 도구로 활용된다. 덕질은 자신의 감정이 어디로 향하는지 관찰하고 그에 솔직하게 반응하는 것과 다름없다. 또한 덕질은 개인이 자기 자신의 감정을 따라 사회적인 것에 참여할 수 있도록 독려한다.

　이것이야말로 개인이 사회라는 거대한 시스템이 부여하는 역할에 충실했던 수동적인 존재에서 벗어나는 계기라고 할 수 있지 않을까? 또한 개인이 자신을 움직일 수 있는 개별적인 동기를 부여해 그에 따라 움직이는 능동적인 존재로 거듭나는 전환기라고 할 수 있지 않을까?

　덕질을, 그리고 그 안의 감정을 다시 들여다볼 때다. 마음을 얻고 마음을 나누어주는 행위가 갖는 의미를 오랫동안 등한시해왔던 것은 아닌지 묻게 된다. 이성적인 방식만으로 세상의 온갖 문제를 풀 수 있다고 여겼던 시대는 조용히 저물어간다. 그 대신 내일의 세상을 구원할 감정의 여명이 서서히 밝아온다. 나와 우리를 상상하게 만드는, 지금으로서는 위태로울 수도 있지만 유일한 것처럼 보이는 빛을 쫓아본다.

여럿의
이름으로

×××××

×

내가 얼마나 많은 영혼을 가졌는지

오랜만에 만난 친구에게서 듣는 말이 있다. "너 예전 그대로구나." 반대로 이런 말을 듣기도 한다. "너 많이 변했다." 또 어떤 말이나 행동에 대해 '이건 너답지 않다'는 반응을 들을 때도 있다. 그럴 때면 문득 궁금해진다. 대체 무엇을 보고 내가 변했거나 변하지 않았다고 하는 걸까? 또 어떤 것을 두고 나답거나 나답지 않다고 말하는 것일까? 그저 지나가는 사람이 아니라, 나에 대해 가장 잘 알고 있다고 생각되는 이들에게서 이런 이야기를 들을 때면 더 헷갈린다.

나는 '어떤 사람인가?'라는 질문에 대한 답이 10대의 마지막과 함께 주어질 줄 알았는데 꼭 그런 건 아니었다. 그렇게 20대와 30대를 지나다 보면 삶을 마감하기 전까지도 그 답을 알아내지 못할 것 같은 불안감이 밀려오기 시작한다. "네가 나를 모르는데, 난들 너를 알겠느냐"던 옛 노랫말처럼 상대는 물론, 나 자신에 대해서도 잘 알지 못한 상태로 삶은 유유히 흘러간다. 나를 나타내는 형상도 잡힐 듯 말 듯하며 시간과 숨바꼭질을 한다.

자신의 정체성을 찾기 위한 여정은 동서고금을 막론한 화두였다. 정체성 찾기의 일환으로 복수의 자아를 구가했던 사례도 역사 속에서 어렵지 않게 찾을 수 있다. 20세기 유럽 문학을 대표하는 작가 중 한 명인 페르난두 페소아 Fernando Pessoa는 작품 활동을 위해 페소아라는 이름 외에도 알베르투 카에이루, 알바루 드 캄푸스, 리카르두 레이스 등의 여러 이름을 사용한 것으로 알려져 있다.

작가는 어린 시절 상상의 인물과 놀이를 하듯 '하나이자 여럿'인 존재를 창조해냈고, 창작 활동을 하는 동안 여러 개의 자아를 넘나들었다. 누군가의 눈에 치기 어린 장난 정도로 보였을지 모르지만, 작가는 여러 존재 중 하나도 허투루 넘길 수 없을 정도로 진지하고 두텁게 교감했다고 한다.

Mnet의 경연 프로그램인 〈Show me the money 777〉에는 '마미손'이라는 이름의 래퍼가 등장해 화제를 이끌었다. 핑크색 복면을 쓰고 등장한 그는 지금까지도 자신의 정체를 밝히지 않았다. 사람들은 랩을 듣자마자 마미손이 누구인지 금세 알아차렸지만, 그가 '실제로는 누구'라는 사실보다 음악에 집중했다. 물론 마미손의 또 다른 자아가 갖고 있는 정체성이 그의 음악에 후광효과를 부여한 사실을 부정하기는 어렵다. 경연 탈락 이후 발표한 〈소년점프〉는 마미손의 다른 자아와 오버랩되면서 대중에게 카타르시스를 제공한 측면이 있기 때문이다.

그래도 '누구나 숨겨왔던 자신을 드러내는 마미손이 될 수 있다'고 말하는 마미손의 속내는 대중을 언제까지고 가면놀이에 동참하도록 이끈다. 그의 용기 있는 일탈에 응원을 보내는 차원에서 사람들은 결코 마미손의 가면을 먼저 벗기지 않을 것이다.

페소아나 마미손과 같이 여럿의 나를 표출하기 위해 여러 이름을 갖는 방법을 택할 수 있다. 익명처럼 이름을 지우거나 가명처럼 이름 위에 다른 이름을 덧씌우는 방법도 고정된 나에서 벗어나는 기회를 제공한다. 이처럼 이름은 우리에게 최초의 정체성을 부여하는 깃대가 되기도 하지만, 기존의 정체성에서 탈출해 새로운 존재를 꿈꿀 수 있도록 돕는 지렛대가 되기도 한다. 그러나 모든 사람이 이들처럼 여러 이름을 갖고 자유롭게 자신을 표현할 수 있었던 것은 아니다.

연극무대 위에 선 연기자

과거 사회에서 존재는 태어남과 동시에 주어진 이름과도 같았다. 주체적으로 내리는 선택과는 먼 그런 것이었다. 대부분의 존재는 스스로 바꾸거나 감추려고 하지 않는 이상 원래의 이름과 함께 창조되고 사라졌다. 그러기에 사람이란 존재를 변화무쌍하고 유동적인 것이라기보다는 고정적인 것으로 인식하고자 했다. 상대에 따라 다른 성질을 갖고 있을 것이라는 생각보다 모두가 나와 비슷한 사람, 또는 내 주변 사람과 비슷한 사람일 수 있다는 생각이 주를 이루었다.

예측하기 힘든 대상은 대자연 하나로 족했기 때문에, 사회를 이루고 살기 위해서 구성원이 되는 사람은 적어도 나와 별다를 바 없는 누군가여야만 했다. 사람의 존재가 오늘날처럼 다양하기보다 엇비슷한 무언가로 규정될 때, 비로소 서로 믿을 만한 환경의 기반이 만들어질 수 있었다.

사회 구성원에게 하나의 이름 아래 고정된 존재가 될 것을 요구하던 역사적 시대가 남긴 상흔은 곳곳에서 발견된다. 이는 비단 개개인의 자율성을 억압한 것에 그치지 않았다. 경직된 사회적 규율은 고정성을 거부하는 존재를 관리해야 할 필요성을 느꼈다. 관리 방법에는 여러 가지가 있었지만, 병리학적인 진단을 내리는 것이 가장 합리적으로 받아들여졌다. 변덕과 같은 단순 기질에서부터 각종 정신 질병이 그 대상이 되었다. 불안감을 조성하거나 예측 불가능한 모든 것은 사회의 안정을 위협하는 요소로 간주되어 이를 '본래의 상태'로 되돌려놓아야 했다.

서양 문화에서 카니발carnival과 같은 축제는 일시적이기는 하지만, 사회 구성원들이 고정성에서 벗어날 수 있는 기회다. 통상적으로 2월 말에서 3월 초에 열리는 카니발은 종교적 절기인 동시에 농경사회의 유산으로 반강제적인 금식이 이루어지기 전에 마음껏 먹고 마실 수 있는 기간이다. 카니발이 여전히 대중의 흥미를 끌 수 있는 것은 그 기간에 육체뿐 아니라 정신적인 차원에서도 방종이 허락된다는 점 때문이다.

카니발 기간에는 유명인사와 정치인에 대한 성역 없는 풍자가 가능하고, 사회적 금기에 도전하는 행위도 일어난다. 특히 사람들은 성별을 자유로이 바꾸어 꾸미거나 가면이나 의상 등으로 자신의 고정된 이미지에서 벗어나고자 한다. 경직된 분위기를 가진 사회일수록 카니발에서 드러나는 전복順覆의 욕구는 크다.

카니발을 통해 사람들은 자신에게 내재된 다른 모습을 표출함으로써 평소 사회의 모습을 확인할 수 있다. 그중에서도 단일한 자아 혹은 고정된 존재를 강조해왔던 문화적 도그마가 사람들을 얼마나 억눌러왔는지를 새삼 깨닫게 된다.

그런데 카니발에서나 가능한 줄 알았던 가면놀이가 실은 일상적으로 이루어지고 있다고 말하는 이론이 있다. 일상의 의례를 연구했던 미국 사회학자인 어빙 고프먼Erving Goffman은 '인상 관리 이론'에서 우리의 삶을 연극에 비유한다. 그에 따르면 개인은 연극무대 위에 선 연기자와 같이 자아를 연출하면서 자신의 인상을 관리한다. 여기서 개인의 인상 관리는 다른 사람들과의 상호작용에 따라 결정되며 그에 따라 각기 다른 '공연(상호작용)'이 펼쳐진다.

일상생활과 연결지어 볼 때, 고프먼의 이론은 더욱 설득력이 커진다. 통상적으로 성격이 '쾌활한 편'이라고 이야기하는 사람도 어떤 상대와 만나 어떤 상호작용을 거치는지에 따라 그렇지 않을 수도 있다. 그렇다고 '쾌활한 편'으로 보이지 않은 모습이 자신의 것이 아닌 것은 아니다. 연극무대 위에 여러 캐릭터가 존재하듯이 우리 안에도 한마디로 축약할 수 없는 여럿의 내가 존재하기 때문이다.

'내 속에 여럿의 내가 있다'고 인식하는 태도는 한편으로 너무 당연한 것처럼 보인다. 그러나 존재의 고정성이 강조되는 사회 안에서 자아의 다성성을 인정하기란 여간 어려운 일이 아니었다. 미국 사회학자인 피터 버거Peter Berger는 전통사회에서 현대사회로 넘어오면서 이 부분에 대한 감각의 변화가 일어났다고 보았다.

과거의 전통사회가 개인에게 주어진 규범적 역할이 얼마나 잘 이행되었는지를 '명예'를 통해 확인하고자 했다면,

오늘날의 사회는 외적인 강요에서 벗어난 인간의 내면을 강조해 '존엄'이 얼마나 준수되었는지를 살핀다. 말하자면 타자와 외부가 나를 어떤 사람으로 평가하는지가 중요했던 시대에서 그와 관계없이 스스로 어떤 사람인지 들여다보는 것이 중요한 시대로 옮겨왔다는 이야기다.

×

'단 한 명의 나'와 '다양한 나'

현대사회에 들어서야 비로소 내면의 서사가 더 큰 무게를 띠게 되었다는 해석에 힘을 실어주는 사례는 여럿이다. 우선 〈배트맨〉과 같은 슈퍼히어로를 그리는 방식에서도 변화를 읽을 수 있다. 초기의 슈퍼히어로물이 절대 선과 악의 대결 구도에서 슈퍼히어로를 절대 선의 상징과 같이 그렸던 반면에 요즘의 슈퍼히어로물은 외적인 선악 구도보다 영웅의 내면에 존재하는 여러 번민에 초점을 맞춘다. 그 안에서 그려지는 내면의 고민은 단순하지 않으며 어떤 선택을 내리더라도 절대적으로 선할 수도 악할 수도 없다.

2019년 2월에 막을 내린 JTBC 드라마 〈SKY 캐슬〉 또한 등장인물의 내면적 갈등에 초점을 맞추어 주목을 끌었다. 드라마는 한 인물 안에 존재하는 다양한 내면의 모습을 여러 거울에 비친 얼굴로 형상화했는데, 이러한 표현 방식이 인물을 훨씬 입체적이고 현실적으로 그렸다는 평가를 받았다. 이제 내면의 서사는 존재가 있는 그대로를 내보이는 데 가장 설득력 있는 재현 방식이 되었다.

소셜미디어는 오늘날 다채로운 내면의 서사를 살펴볼 수 있는 대표적인 예다. 소셜미디어 플랫폼별로 특화된 지점이 다르다 보니 한 사람이 그 특성에 따라 각기 다른 이야기를 담기도 한다. 페이스북은 '내가 이렇게 잘 살고 있다'는 것을, 인스타그램은 '내가 이렇게 잘 먹고 있다'는 것을, 트위터는 '내가 이렇게 이상하다'는 것을 이야기하는 데 최적화되어 있다는 우스개가 이를 잘 표현해준다.

한 사람이 하나의 소셜미디어 플랫폼 내에서 여러 개의 계정을 만드는 사례도 비일비재하다. '덕질' 대상에 따라 각기 다른 계정을 만들고, 주로 다루는 소재나 주제에 따라 완전히 상반되는 성격의 계정을 동시에 운영할 수도 있다. 기분에 따라 계정을 더 늘릴 수도 반대로 모두 없앨 수도 있다. 언제든지 새로 계정을 만들 수 있음은 물론이다.

이런 맥락에서 보았을 때, 소셜미디어 공간이야말로 우리 안의 여러 자아를 마음껏 펼쳐 보일 수 있는 낙원이라 할 수 있다. 비유하자면 소셜미디어를 통해 모두가 여러 개의 방을 동시에 운영할 수 있는 셈이다. 소셜미디어상에서는 모두의 자아가 다채롭고 자유롭게 존중될 수 있는 것처럼 보인다. 내면의 서사가 한쪽에 붙들리지 않고 유영할 수 있는 유일무이한 공간으로서 말이다.

다른 한편으로 소셜미디어 공간에서 여러 갈래로 분화된 자아의 모습은 현실의 변화된 조건을 떠올리게 만든다. 자신을 표출하고 마음껏 표현하는 것이 사회의 미덕처럼 여겨지지만, 자신이 보여준 어떤 모습이 소셜미디어에서는 상황에 따라 곡해될 수 있는 가능성도 그 어느 때보다 높은 것이 사실이다.

과거에 했던 언행이 오늘의 발목을 잡고, 자신의 진정성을 음성 또는 시각적인 증거로 증명해야만 하는 현실에서 자유로울 수 있는 공간은 소셜미디어가 유일하다. 따라서 소셜미디어상에서 경험하는 자아의 분화는 끊임없이 내면을 방어하고 통제해야 하는 현실에 대한 반동이자, 현실과 가상을 적절히 조절하는 가운데 탄생한 생존 전략으로 볼 수 있다.

다시 페소아에게 돌아가보자. 작가 김한민은 페소아의 여러 이름이 지녔던 의미를 다음과 같이 설명한다.

이명異名들은 정체성이라는 개념에 끊임없이 저항한다. 정체성이란 일관되고 변치 않는, 말 그대로 '정체된' 어떤 존재를 전제한다. 우리는 살아가면서 자기만의 정체성을 찾아야 한다는 강박을 갖기 쉬운데, 그런 일념으로 정체성을 추구하다 보면 자신을 고정된 틀 속에 가두고 다른 가능성과 욕구들은 부정하는 방향으로 흐르기 쉽다. 한마디로 정체성 추구는 통제와 배제의 과정이라고도 할 수 있다. 서로 모순되고 충돌하는 존재의 잠재태들은 이 과정에서 억압되기 마련이다. 반면 이명의 사용은 우리 안의 무한한 복수성을 적극 긍정하면서 '단한 명의 나'에 갇힐 뻔한 '다양한 나들'을 해방시킨다.

내면에 존재하는 여럿의 나를 드러내는 과정은 지난한 시간을 거슬러왔다. 100여 년 전 여러 이름으로 글을 남겼던 유럽의 작가는 마음만 먹으면 얼마든지 새로운 가상의 이름을 만들 수 있는 오늘을 부러워할까? 아니면 오히려 진절머리를 칠까? 그에 대한 답은 알 수 없지만, 한 가지는 분명하다. 여럿의 이름에 대해 거리낌 없이 이야기할 수 있는 이 순간만큼은 부러움의 대상이 될 것이라는 사실이다.

2장

×

나도 아직
나를
모른다

탕진잼을 위한
서시

×××××

×

소소하게 낭비하는 재미

현이씨의 웹툰 〈즐거우리 우리네 인생〉 78화에는 작가가
떠났던 제주도 여행의 마지막 이야기가 등장한다. 작가는
과도한 업무가 반복되는 일상에서 잠시나마 탈피하고자 여
행을 결심한 후, 누구와 여행을 떠나야 하는지 또 여행 계획
은 어떻게 세워야 하는지 끊임없이 고민한다. 가까스로 여
행을 떠나긴 했지만 예상치 못한 복병이 등장한다. 궂은 날
씨와 낯선 지리, 부족한 여비는 작가와 일행의 발걸음을 무

겁게 만든다.

고생 가득한 여행 끝에 다시는 여행 따위 하지 않을 거라 외칠 법도 한데 작가는 돈을 모아 떠나야겠다고 다짐한다. 무엇 때문일까? 그렇게 고생을 하고도 작가는 왜 다시 여행을 떠난다고 했을까? 풀리지 않는 의문을 붙잡고 있을 때 마지막 컷에 등장한, 작가의 의지를 집약하는 외마디가 허공을 감싼다. "돈을 쓰고 돌아다니는 건 신나고 재밌는 것 같아! 탕진잼!"

해당 웹툰의 에피소드가 소개된 지 수년의 시간이 지났지만, 탕진과 재미의 합성어로 알려진 '탕진잼' 담론은 SNS의 해시태그 등을 통해 최근까지도 재생산되고 있다. 인터넷상의 '짤(방)' 문화 덕에 전후 맥락의 사정은 상대적으로 약화되고 탕진잼이 등장하는 웹툰의 마지막 컷만이 선택적으로 차용되어 강조된다. 이전에 유행했던 '지름신'이 몇몇 만화를 패러디한 장면(가장 많이 알려진 것은 『공포의 외인구단』의 여주인공이 놀라는 장면에 "어머! 저건 사야 해!"라는 대사를 덧입혀 패러디한 컷)을 통해 널리 퍼져나갔던 것과 유사한 형태다.

흥미로운 것은 탕진잼이나 이전의 지름신 모두 한국 사

회의 소비문화가 투영된 단어라는 점이다. 계획에 없던 충동적인 소비 행위를 신들림과 같은 초자연적 상태에 비유하거나 극한의 소비를 추구하는 행위를 일종의 재미있는 놀이로 탈바꿈하는 식이다.

오랜 기간 사용되어온 지름신에 비해 탕진잼의 의미는 다소 불명확하다. 포털사이트에 이용자들이 등록한 탕진잼의 정의는 '소소하게 낭비하는 재미를 비유적으로 이르는 말'이라고 하지만 의문은 여전히 남는다. 여기서 '소소하다'는 건 어느 정도의 범위를 가리키는 것인지 또 '낭비하는 재미'가 무엇을 뜻하는 것인지 정확히 알기 어렵다. 혹자는 '1만 원 내외의 소비'가 탕진잼의 조건이라고 하지만 혹자는 그 이상의 지출에 대해서도 사회적 지탄이 없는 한 탕진잼이라 명명할 수 있다고 본다.

또한 탕진잼이 '쓸데없는 것을 사들이는 행위'라고 보는 시각도 있지만, 나름의 '가성비'를 감안한 소비에만 붙여질 수 있는 표현이라고 보는 관점도 있다. 이렇게 보자면 탕진잼은 시대의 단면을 가를 수 있는 완성된 형태의 칼이라기보다 시대와 함께 끊임없이 의미가 덧입혀지는 미완의 금속덩어리인 셈이다.

　　단어의 조합이라는 측면에서도 탕진잼에는 독특한 지점
이 존재한다. '재물 따위를 다 써서 없앤다'라는 탕진蕩盡은
전통적으로 부정적인 의미를 갖고 있다. 그런 단어 뒤에
'즐거운 기분' 또는 '크게 흥미를 느끼는 상태'를 뜻하는
'재미'가 붙는다는 것은 언뜻 모순으로 비치기까지 한다.
일반적으로 탕진이라는 행위 뒤에 찾아오는 감정 상태는
허탈감이나 불안감과 더 가깝다고 여겨지기 때문이다.

　　하지만 상반된 의미가 합쳐진 '웃프다(웃기다+슬프다)'라
는 표현과 같이 '탕진잼' 또한 그 뒤에 숨은 복합적인 맥락
을 살펴볼 수 있는 기회를 만들어주기도 한다. 예컨대 탕진
잼은 자기 지시적이면서도 자기 풍자적인 기능을 갖고 있
다고 할 수 있다. 스스로 넉넉한 상황에 있지 않음을 알고
있지만, '탕진'이라는 소비-놀이를 유희적으로 승화시킴으
로써 자신의 상황을 비관하지는 않기 때문이다.

×

근검절약의 효능이 사라진 시대의 해방구

오늘날의 소비문화에서 탕진잼이 시사하는 바를 살펴보기

위해 잠시 역사가 탕진을 어떻게 그려왔는지 되짚어볼 필요가 있다. 탕진과 관련해 가장 널리 알려진 이야기는 '돌아온 탕자The Return of the Prodigal Son'가 아닐까 싶다. 17세기에 그려진 렘브란트Rembrandt의 그림으로도 유명한 성서 속 이야기는 부모의 사랑, 나아가 인간을 향한 신의 사랑을 비유하고 있지만, 그에 대비되는 아들의 모습은 많은 재산을 탕진한 패자의 전형으로 그려진다. 대표적인 프로테스탄트 화가로 꼽히는 렘브란트가 '돌아온 탕자'를 모티브 삼아 그림을 그린 것은 당대의 프로테스탄트 윤리와도 관련이 있어 보인다.

독일 사회학자인 막스 베버Max Weber에 따르면 자본주의가 등장하기 이전의 전통주의적 사고는 필요한 만큼만 돈을 벌고, 그 이상은 노동하지 않는 데 있었다. 가톨릭교회와 결별한 이후 불안정한 사회적 위치를 갖고 있던 프로테스탄트교는 근면 성실한 노동과 그 결과로서 부의 축적을 신의 선택을 나타내는 지표로 삼아 자본주의 정신을 발전시켜나갔다. 다시 말해 프로테스탄트교도들은 노동이라는 계획되고 통제된 행위를 통해 구원의 확신을 얻었고, 이를 삶의 목적 그 자체로 여김으로써 합리적 자본주의를 발전시켜나갈 수 있었다는 것이다.

　종교개혁 이후 칼뱅주의와 같은 프로테스탄트교의 문화에서 이런 양상은 더 짙게 나타나는데, 주목할 만한 점은 프로테스탄트 윤리에 금욕주의가 함께 포함되어 있었다는 사실이다. 즉, 노동과 부의 축적을 통해 신의 소명에 다가가는 것은 장려된 반면 과도한 소비와 같이 자신의 부를 향유하는 부차적인 행위는 경시되었다.

　프로테스탄트교가 부의 축적을 추구하는 동시에 금욕적인 태도를 견지한다는 것은 일면 모순처럼 느껴진다. 하지만 실상 근면 성실한 노동이 구원으로 가는 유일무이한 길이라고 전제했을 때, 소비를 포함해 그것을 방해하는 요소가 될 수 있는 모든 행위를 배제하는 사고방식으로서 금욕주의라면 이해할 만하다.

　탐진을 경계하는 금욕적인 태도는 제2차 세계대전 당시 영국의 국가저축위원회British National Savings Committee의 프로파간다에서도 발견할 수 있다. 영국의 국가저축위원회는 전시 상황에서 발생할 수 있는 인플레이션을 우려해 국민에게 과소비를 자제하고 저축을 늘리도록 권고했다. 삽화가 필립 보이델Phillip Boydell은 국가저축위원회에서 과소비

예방 메시지를 담은 포스터 제작을 의뢰받아 '돈 벌레money grub'라는 캐릭터를 창안했다.

이후 이 캐릭터에 '탕진 벌레squander bug'라는 이름이 붙여지는 등 여러 작가에 의해 변형되고 대중화되었다. 당시의 과소비 예방 포스터에는 장바구니에 돈 벌레 또는 탕진 벌레가 기생하며 소비자들에게 '더 많은 것을 사라'고 종용하는 내용이 담겨 있다.

이처럼 무분별한 소비를 죄악시하는 금욕주의적 시각은 종교개혁 이후 칼뱅주의의 영향을 받은 유럽 국가들이나 제2차 세계대전 당시 영국에만 국한된 것이 아니라, 오늘날 성장주의를 추구하거나 물가 상승률을 경계하는 국가에서도 여전히 힘을 발휘하고 있다.

IMF 금융위기 이전의 한국 사회에서도 저축과 근검절약은 보편타당한 사회의 미덕이었다. 특히 6·25전쟁의 경험과 성장 위주의 국가정책은 덜 쓰고 더 아끼는 사회 구성원의 모습을 이상적으로 그렸다. 그에 반해 탕진은 그야말로 해서는 안 되는, 또 쉽사리 할 수도 없는 행위로 간주되기도 했다. 자세히 들여다보면 탕진을 경계하는 사회적 분위기는 통제 혹은 관리와 관련이 있다.

근대의 합리주의적 사고에 따르면 개인은 자신의 욕망을 다스릴 줄 알아야 하는 동시에 자신의 삶을 계획적으로 꾸려나가야만 했다. 이와 반대로 본능의 욕구를 따르는 것은 미개한 방식이었고, 개인의 삶을 망치는 것을 넘어 사회 전체에까지도 해악을 끼치는 태도라고 여겨졌다. 하지만 현대사회가 고도의 복잡성을 띠는 가운데 여러 측면에서 불확실성이 증가하면서 끊임없이 통제하고 관리하는 이전까지의 방식은 점차 실효성을 잃게 되었다.

더군다나 저성장과 신자유주의적 경쟁은 사회적 계층 간의 이동을 어렵게 만들었고, 경직된 사회 안에서 소비는 개인이 할 수 있는 유일한 해방구로 작용했다. 이에 따라 탕진이라는 사회적 금기는 신의 선택이나 국가와의 계약이라는 존재론적 명분이 의미를 잃은 오늘날 탕진잼과 같은 형태로 변형된 것인지 모른다.

탕진재머와 탕진력

한편 탕진잼에서 탕진이 과거의 탕진과 다른 의미를 갖고 있음을 주목할 필요도 있다. 여기서 말하는 탕진은 갖고 있는 모든 재산을 전부 소진함을 의미하지 않을뿐더러 자신이 가진 것 이상으로 소비하는 과소비의 의미를 갖고 있는 것도 아니다. 그보다는 마땅히 재산이라고 할 만한 것도 없고, 일정한 돈을 모아 집과 같은 더 큰 재화와 교환할 수도 없는 상황에서 자신이 갖고 있는 약간의 여유자금을 필수품목이 아닌 재화를 소비하는 데 지출하는 '현실 타협적 탕진'의 의미를 띤다.

탕진잼을 현실과의 '타협적 탕진'으로 이해할 만한 근거는 탕진잼의 이미지 검색을 통해서도 발견할 수 있다. 소셜미디어상에서 찾을 수 있는 탕진잼 이미지들의 공통점은 일반적으로 생각하는 사치품과는 거리가 있다. 다이소와 같은 잡화점이나 문구점에서 산 물건들을 한곳에 나열한 후 '탕진잼'이라 일컫는 식이기 때문이다.

소비문화 안에서 탕진잼과 함께 회자되는 '작은 사치'나 '소확행(소소하지만 확실한 행복)'도 함께 눈여겨볼 만하다. 이 신조어들의 공통점은 소비를 통해 정서적 만족감을 추구하는 데 있다고 할 수 있다. 현실적인 탕진 뒤에 재미가 붙는 이유도 유사한 선상에서 이해 가능하다. 여기서 오늘날 소비의 목적이 이전과 조금 달라진 양상을 띠고 있음을 알 수 있다. 프랑스 철학자인 질 리포베츠키Gilles Lipovetsky는 소비문화를 시기별로 나누어 그에 따라 소비의 목적이 조금씩 변화해왔다고 지적한다.

그에 따르면 과거의 소비는 자동차나 집과 같이 개인이 소비를 통해 자신의 사회적 지위를 과시하는 데 의미를 두었다. 과거에는 상품도 오늘날과 달리 제한적으로 공급되었기 때문에 특정한 소비 능력이 곧 그 사람의 사회적 지위를 가늠하는 것이 가능했다. '시기심이 민주주의의 기초'라고 말했던 버트런드 러셀Bertrand Russell의 말을 비틀어 '시기심이 민주주의적 소비문화의 기초'라고 부를 만한 시기였던 셈이다.

그러다 점차 상품을 소비하는 환경과 양식이 변함에 따라 소비는 상대의 눈을 의식한 타자지향적인 결정에서 개인의 목표와 취향과 기준에 맞춘 지극히 자기중심적인 선택으로 변모하게 되었다. 소비문화에서 개인주의적 경향이 강해진 것으로도 볼 수 있는데, 이에 따라 자연스럽게 내면의 행복이 상품과 마케팅의 주요 대상으로 떠올랐다. 필요에서 과시로, 과시에서 행복으로, 소비가 다다르는 목적지

가 달라진 것이다. 이 같은 소비문화의 흐름 속에서 탕진잼
과 같이 소비를 통해 무엇보다 개인의 정서적 만족을 추구
하고자 하는 현상이 두드러지고 있다.

순수한 소비 갈망은 사실 어떤 계급에게는 사회 이동의 면에
서 중대한 실패를 보상하는 것일 수 있다. 소비 충동은 사회계
급의 수직적인 서열에서 충족되지 않은 욕구를 보상하는 것이
될지도 모른다. 따라서 (특히 하층계급의) '과소비' 갈망은 지위
를 추구하는 요구의 표현인 동시에 이 요구의 실패를 체험한
데서 나오는 표현일 것이다.

일찍이 장 보드리야르Jean Baudrillard는 1960년대 프랑스
의 소비문화를 면밀히 관찰하면서 이와 같은 분석을 내렸
다. '소비를 학습하고 소비에 대한 사회적 훈련을 하는 소
비사회'의 화려한 모습 뒤로 사회적 안정에서 멀어진 이들
의 허탈감과 저항의 흔적을 발견한 것이다. 2020년을 향해
가는 한국의 20~30대 사이에서 회자되는 탕진잼에서도 이
와 유사한 마음을 읽어낼 수 있다.
　자신에게 허락된 범위 내에서 최대한을 소비함으로써

탈금욕의 순간을 만끽하는 것. 이를 다른 '탕진재머(탕진잼을 향유하는 이들)'와 공유하고 '탕진력(탕진하는 능력)'을 인정받음으로써 내일의 불확실성을 이겨내고자 하는 것. 한정된 예산 내에서 사사로운 물건을 모조리 사들여 일순간일지언정 억눌러왔던 소비 욕망을 발산하는 것. 소소하게 탕진한다고 해서 별반 달라지는 것은 없지만, 그래도 최소한 주인 없던 물건들의 소유자가 된다는 것. 무엇보다 암울하게 보일 수 있는 상황을 재미로나마 위로하는 것. 탕진잼은 오늘도 불안한 세대의 파토스pathos를 담아 끝없이 떠돌고 있다.

편의점
인간

××××××

×

우리는 매일 편의점에 간다

2016년 7월 19일, 일본의 대표적인 문학상인 아쿠타가와상
의 155번째 수상작으로 무라타 사야카村田沙耶香가 쓴 『편의
점 인간』이 선정되었다. 그로부터 4개월 후 이 작품은 한국
어로 발매되어 몇 달 동안 소설 부문 베스트셀러로 자리 잡
았다.

　서른 중반의 여주인공은 대학 졸업 후 기업에 취업하는
대신 18년째 같은 편의점에서 점원으로 일한다. 소설은 편

의점 안에서 이루어지는 주인공의 일상을 기본 배경으로 삼아 이를 밀도 있게 담아낸다. 이 소설의 문학상 수상 발표 당시 가장 화제가 되었던 것은 작가 또한 소설 속 주인공처럼 20년 가까이 편의점에서 일을 하고 있다는 점이었다. 수상 당일에도 작가는 언론과의 인터뷰에서 '편의점에서 일을 하다 왔다'고 밝혔을 뿐 아니라, 이후에도 글쓰기와 편의점 아르바이트를 병행하겠다는 의지를 내비치기도 했다.

여기에서 우리는 두 가지 흥미로운 지점을 발견하게 되는데, 하나는 작가가 편의점을 소설의 배경으로 삼았다는 점이고, 또 하나는 소설이 '편의점 인간'이라는 현대적 인간형에 대해 주목했다는 점이다.

『편의점 인간』이 아쿠타가와상에 선정된 이유에는 문체나 묘사력 이외에 '편의점이라는 현대적인 장소를 무대'로 이야기를 펼친 부분이 주효하게 작용했다고 한다. 실제 소설이 문학상에 당선된 2016년을 기준으로 일본에는 5만 5,000여 개의 점포가, 한국에는 3만 여 개의 점포가 운영되었는데, 그 이후로도 한일 양국에서 편의점 수는 꾸준한 증가 추세를 보이고 있다. 일본과 한국의 편의점은 양적인 팽창뿐 아니라, 세부적인 측면에서도 다양한 모양새로 확장되고 있다.

일례로 일본의 편의점은 수년 전부터 고령인구 증가에 발맞춰 노인 요양 서비스 창구를 운영하거나 거동이 불편한 노인 가구에 직접 배달을 해주는 서비스를 실시하고 있다. 다른 한편으로 여성 고객을 타깃으로 삼아 과일이나 채소 등 신선식품 칸을 증설하거나 저렴한 편의점 안주와 함께 술 한잔을 곁들일 수 있는 카페형 공간을 제공하기도 한다. 한국의 편의점도 기존의 슈퍼마켓, 약국, 드러그스토어, 식당, 카페, 우체국 등이 유지해오던 기능을 결합해 나가면서 현대생활의 필수적인 거점으로 자리매김했다.

이와 같이 한국과 일본의 일상생활 내에서 차지하는 편의점의 위상은 편의점을 배경으로 삼은 소설에 대한 대중의 공감대를 이끌어내는 것은 물론, 편의점을 현대사회의 축소판으로 그려낸 작가의 통찰력에 문학적인 권위를 부여하기에 충분한 근거를 마련한다.

『편의점 인간』이 발표되기 이전, 한국의 문화계와 학계에서도 편의점에 대한 관심은 꾸준히 존재해왔다. 1989년 서울 방이동에 한국 최초의 편의점이 등장한 이후 편의점 문화가 일상화된 2000년대에 접어들면서 편의점은 일상의 근거리에서 시대상을 관찰할 수 있는 최적의 장소로 떠올랐다. 2003년 제49회 현대문학상 후보작으로 선정된 바 있는 김애란의 단편소설 「나는 편의점에 간다」에서 우리는 편의점을 맴도는 무명의 얼굴들을 마주한 적이 있다.

2004년부터 현재까지 꾸준히 편의점 음식에 대한 리뷰가 올라오는 블로그 '다인의 편의점 이것저것'을 보며 새삼 우리 몸의 상당 부분이 편의점에 빚지고 있음을 실감하기도 한다. 2008년부터 2014년까지 연재되었던 웹툰 〈와라! 편의점〉에선 편의점을 배경으로 일어날 수 있는 온갖 에피소드를 접할 수 있고, 2014년에 출간된 『편의점 사회학』은 소비주의, 근대 합리주의, 글로컬리제이션 등 사회학자의 관점으로 편의점을 분석했다.

'마크정식(아이돌그룹의 멤버 이름을 딴 것으로 편의점에서 파는 떡볶이, 스파게티, 소시지, 치즈 등을 조합해 만든 음식)'이 소개된 tvN 〈편의점을 털어라〉나 집의 일부 공간을 편의점처럼 꾸민 출연자의 '와비김편(편의점에서 살 수 있는 와사비 컵라면과 편육, 김치볶음 등을 조합한 음식)'의 조리법을 상세히 보여준 SBS 〈미운 우리 새끼〉의 일부 에피소드는 편의점 음식을 창의적으로 조합하고자 하는 모디슈머modisumer(수정하다는 뜻의 modify와 소비자라는 뜻의 consumer의 합성어로 제품을 제조사가 제시하는 방식이 아니라 자신의 방식대로 변형하는 소비자) 트렌드를 전면에 내세운 움직임이라 할 수 있다.

'정주'와 '유동'이 교차하는 곳

끊임없이 변화하는 편의점의 모습과 이를 가감 없이 드러내는 대중문화의 시각은 편의점이 존재하는 의미를 '편의를 제공하는 장소'라는 협소한 정의 안에 가두지 않는다. 애초의 편의는 생필품 등 물건을 지칭하는 것을 넘어 서비스라는 경험의 영역을 포섭하고 있고, 일방적으로 소비자들에게 상품을 제공하던 관계에서 그들과 직간접적으로 교류하는 쌍방향적인 관계로 발전해나간다.

이를 예측할 수 있는 사례로 일본 편의점의 고령인구를 대상으로 한 의료 서비스, 배달 서비스, 행정 서비스 등의 변화 양상과 같이 한국에서도 조만간 편의점과 소비자 간의 쌍방향적 관계가 강화될 것으로 보인다. 아울러 편의점은 정주와 유동이 교차하는 영역으로 우리가 현대라는 시공간의 끈을 가까스로 잡고 있다는 증거로 채택되기도 한다.

'장소'라는 단어는······무언가가 속해 있거나, 있어야 한다고 생각되는 자리를 가리키기도 하고, 누군가가 점유할 수 있는 위치position를 가리키기도 한다. 이런 의미에서의 '장소'를 갖지 못한 사람들, 즉 자신들이 속한 곳이나 있어야 한다고 생각되는 곳이 어디인지 알 수 없는 사람들, 또는 그들이 머물러도 좋은 자리, 점유할 수 있는 위치를 이 세계 안에서 발견할 수 없는 사람들이 점점 늘어나고 있다. 장소 상실placelessness은 한때 특정한 범주의 사람들에게만 해당되는 예외적인 상황으로 인식되었지만, 지금은 대부분의 사람들에게 현실적인 위협으로 다가오고 있다.

인류학자 김현경은 『사람, 장소, 환대』에서 많은 현대인이 자신의 존재를 확인할 수 있는 '장소'를 잃어버린 상태임을 지적한다. 잠시 머물 수 있는 물리적인 공간은 찾을 수 있지만, 그 안에서 자신에게 마땅히 주어진 몫의 장소는 점점 사라지고 있다는 것이다. 현대 한국인의 하루를 떠올려 보면 그 사실을 어렵지 않게 발견할 수 있다. 우리는 버스

정류장과 지하철, 길거리, 카페 등 전통적인 의미에서 장소라고 보기 어려운 '비장소'에서 대부분의 시간을 보낸다.

집과 같은 고전적인 장소도 사정은 별반 다르지 않다. 겨우 잠만 자는 곳으로서 집이나 언제 쫓겨날지 모르는 불안정함을 품은 회사 또한 우리가 누구인지 정확히 말해주지 못한다. 장소를 잃어버린 상태란 우리와 무관하게 장소만 지워진 것이 아니다. 오랜 시간 인류의 정체성이 특정한 장소들과 관계를 맺으며 만들어졌기 때문에, 장소의 사라짐은 곧 우리의 존재가 위협받을 수 있음을 뜻한다.

'장소 상실의 시대'에 편의점은 불완전하지만 그나마 다수의 사람에게 열려 있는 '틈 혹은 장소'가 된다. 비록 온전한 장소가 되지 못하지만 장소와 장소 간의 사이장소로서 그 틈을 내어준다. 정처 없이 거리를 떠도는 삶일지언정 편의점에서 잠시 머무르는 시간만큼은 이 시대와 이 사회의 일원이 된 것 같은 안정감을 갖도록 만들어준다. 그것이 비록 편의점을 나서는 순간 신기루처럼 홀연히 사라지는 것이라도 말이다.

자기부정의 '편의'로 인간이 되다

다시 소설 『편의점 인간』으로 돌아가 '편의점 인간'이 어떤 인간을 지칭하는 것인지 살펴보자. 작가는 제목으로 '편의점의 인간'도 '편의점형 인간'도 아닌 '편의점 인간'을 선택함으로써 '편의점'과 '인간' 모두에게 동등한 의미를 부여한 합성어를 만들어냈다. 한 인터뷰에서 작가는 편의점이 자신에게 성스러운 장소이며, 자신이 인간에게 관심이 많다는 점을 강조한 바 있다. 작가에게 편의점이 성스러운 장소가 될 수 있었던 배경으로 편의점 안의 사람들이 반복하는 행위와 그것을 기반으로 한 시스템의 구축을 생각해볼 수 있다.

공통된 상상을 공유하는 것을 종교라고 할 때, 편의점 내부의 사람들은 편의점이라는 장소에서 약속된 의례로 자신을 규율함으로써 종교적 의미에 다가간다. 본디 성스러운 장소가 있는 것이 아니라 성스러운 장소로 여기는 누군가에 의해 모든 장소가 성스러운 장소로 태어날 수 있는 것이다. 그곳이 편의점이라 할지라도.

"편의점에 계속 있으려면 '점원'이 될 수밖에 없어요. 그건 간단한 일이에요. 제복을 입고 매뉴얼대로 행동하면 돼요. 세상이 조몬繩文(B.C. 1만 3000년경부터 B.C. 300년까지에 해당하는 일본의 선사시대)이라면, 조몬에서도 마찬가지예요. 보통 사람이라는 거죽을 쓰고 그 매뉴얼대로 행동하면 무리에서 쫓겨나지도 않고, 방해자로 취급당하지도 않아요."

"무슨 소리를 하는지 모르겠군요."

"그러니까 모든 사람 속에 있는 '보통 인간'이라는 가공의 생물을 연기하는 거예요. 저 편의점에서 모두 '점원'이라는 가공의 생물을 연기하고 있는 것과 마찬가지죠."

소설 속 주인공은 '이상한 아이'로 취급받기도 했던 과거의 트라우마를 갖고 있다. 자신이 본래 느끼고 생각한 대로 말하고 행동했을 뿐인데, 사람들은 주인공을 피했고 때때로는 두려워하기도 했다. 심지어 자신을 낳아준 어머니마저 딸인 주인공을 이해하지 못했다.

'이상한 아이'로 살아가는 고통은 혼자라는 외로움보다 남들 눈에 무엇이 이상하다고 비치는 것인지 모른다는 데 있다. 이상함은 이해 또는 타협의 영역에 머무른 적이 없었고, 그저 정상과 반대되는 도저히 바뀔 수 없는 상태로 남겨지기도 했다. 그런 주인공이 성인이 되어 세상을 '정상적으로' 살아가기 위해 택한 방식은 본래의 자신을 철저히 말살시키는 것이었다. 그와 더불어 주인공은 '보통 사람'이라고 여겨지는 모습들을 학습한 후 그대로 연기하기 시작했다.

그렇게 주인공은 사회에서 문제적이라고 비칠 수 있는 본래의 자신은 되도록 불투명하게 눈에 띄지 않게 만들면서 표준화된 인간으로 거듭난다. 함께 일하는 동료와 상사에게서 정상적이라고 인정받은 후에야 비로소 편의점은 주인공에게 장소를 내어주었고, 그 안에서 주인공은 당당히 숨 쉴 수 있는 자격을 얻게 된다. 지금의 모습이 본래의 모습과 전혀 다를지라도 상관없었다. 이때까지 그것에 대해 아무도 궁금해하지 않았고, 앞으로도 그럴 것이다.

결국 『편의점 인간』은 시스템 속에서 존재의 목소리를 탈취당한 자이자 본래의 목소리를 숨겨 시스템에 기대고자 하는 인간을 그린다. 그럼으로써 소설은 편의점과 비슷한 세상을 살아가는 우리가 빚어내는 자기부정에 대해 '편의'라는 자조 섞인 농담을 던지고 있는 셈이다.

1958년에 발표된 손창섭의 단편소설 「잉여인간」은 '사회에 이득이 될 수 있는가'로 사회에서 필요한 인간과 그렇지 않은 인간을 판단했다. 당시의 시대감각으로 보자면 사회에 이득이 될 수 있도록 노력하는 것은 사회 구성원으로서 개인이 마땅히 갖추어야 할 태도이자 가치관이었다. 어떤 본성을 타고났는지보다 구성원으로서 자격을 갖추었는지가 중요한 시대였다.

어떤 교육을 받았는지 어떤 밥벌이를 하며 어떤 가정을 꾸리고 살아가는지, 그리고 무엇보다 '대부분의 사람들'과 비슷한 형태의 삶을 영위하고 있는지가 판단의 준거가 되었다. 여기서 작가는 '잉여인간'으로 분류될 수 있는 주인공의 두 친구와 주인공의 모습을 대조함으로써 존재의 쓸모 있음을 가르는 당시의 사회상을 그렸다.

그로부터 60여 년이란 시간이 지난 지금 「잉여인간」의 등장인물과 달리 '잉여'가 되지 않기 위해 몸부림치는 개인의 눈은 사회적 대의나 기여를 향하지 않는다. 현대의 개인은 그보다 훨씬 소소한 수준에서 '사회의 이물질'이 되지 않기 위해 자아의 키를 낮춰 포복 자세를 취할 뿐이다. 개인이 온전히 받아들여지지 않는 세상에 대항하기보다 편의점의 창문처럼 투명한 일부가 되기를 택하는 것이다.

그렇게 편의점이라는 시스템의 일부가 될 때, 우리는 더
는 자신을 따로 설명하거나 증명하지 않아도 된다. 한편으
로 보면 서글프지만, 다른 한편으로 보면 참으로 편의적인
운명이라고 할 수 있다.

투명한
집

××××××

×

나의 집은 어디인가?

『헬조선 인 앤 아웃』은 제목에서 유추할 수 있는 것처럼 각기 다른 모양으로 한국을 오가는 이들에 관한 이야기를 다룬다. 이 책에는 한국에서 단기로 돈을 벌어 시간이 날 때마다 한국을 떠나 살거나 한국에서 '조금 더 잘 살기 위해' 유학생활을 한 뒤 한국으로 다시 돌아오는 청년들의 삶이 담겨 있다.

이제는 불행히도 고착화된 듯한 '헬조선' 담론의 연장선상에 서 있는 이들의 이야기는 한국의 사회적 조건에 대한 비판의 맥락에서 탄생한 것이지만, 다른 한편으로 집에 관한 인류학적 고찰로 읽을 수도 있다. 집이 물리적인 건물만을 지칭하는 것이 아니라, 우리가 속한 장소, 나아가 영토와 국가라는 의미까지도 포함한다면 말이다.

그런 관점에서 '헬조선'은 현실에 관한 진단 외에도 우리가 집이라는 장소와 맺는 관계에 일련의 변화가 생겨나고 있음을 알려준다. 실제 한 수사학 연구에서는 20세기를 '권리 이야기rights talk'로 가득찬 시기로 분석했다. '권리'와 같이 특정 소재가 시대를 대표하는 수사로 쓰였다는 것은 당대인들이 자기 자신을 어떻게 언어화하느냐와 관련이 있기 때문에 주의를 기울일 필요가 있다. 20세기의 담론을 수놓았던 권리와 관련된 이야기들은 개인이 국민국가nation-state 시스템 내에서 국가와 자신을 결부시키면서 자신의 위치를 찾았던 것으로 풀이된다.

예를 들어 한국인이나 미국인과 같이 어느 국가에 속해 있는지에 따라 개인에게 존재의 특성이 부여되었다. 더불어 '한국인이라면 이러이러하다'라는 식의 집단적 특성을 토대로 한 구분이 강화되어 각자가 갖고 있던 개별적인 특성이 상대적으로 옅어졌다고 할 수 있다.

그러나 21세기 들어서 이런 종류의 '권리 이야기'가 대폭 축소되는 경향을 보인다. 여기에 주요하게 작용했던 힘 중 하나는 전 지구화다. 전 지구화의 영향으로 하나의 국가나 하나의 장소에 얽매이지 않는 '코즈모폴리턴'이 등장했고, 굳이 한곳에 정착하지 않고 여러 곳에 '집'을 두는 일도 가능해졌다.

그러다 보니 누군가의 '출신'을 알아내기 위해 집이 어디인지를 따지는 일도 줄어들었다. 그것을 통해 알아낼 수 있는 것이 그다지 많지도 않을뿐더러 설사 그렇다 해도 별 의미가 없을 가능성이 높은 까닭이다. 전 지구화된 시대에서는 '지금 살고 있는 집'이 있을 뿐, 과거나 미래의 집이 현재를 옭아매지 않는다. '헬조선' 담론에서도 낌새를 챌 수 있듯이 자신이 살고 있는 물리적 장소가 개인의 정체성을 결정하는 시대는 점점 과거 안으로 편입되고 있다.

현재의 변화를 잠시 접어두고 생각하자면, 집은 전통적으로 개인의 정체성과 밀접한 연관성을 가진 중요한 장소였다. 집의 건축적 형태와 문화적 쓰임새뿐 아니라, 집이 있는 지역의 특성 등과 어떤 상호작용이 이루어지는지가 개개인에게 지대한 영향을 미쳤다. 따라서 과거에 '집이 어디냐고 묻는 질문은 집이 속해 있는 지역의 명칭은 물론이고 거기서 파생되는 여러 정보를 향했고, 그 사람에 대한 어느 정도의 유추가 가능하도록 만들었다.

특기할 만한 건 한국에서 집이 갖는 의미가 유독 한쪽으로만 쏠려 발전했다는 점이다. 언제부턴가 집에 대한 질문은 상대가 자연을 가까이 두고 사는지 또는 주로 어느 공간에서 시간을 많이 보내는지가 아니라, 자산으로서 가치가 얼마나 되는지를 향하게 되었다. 항간에 떠돌던 우스개 중에 어린이들이 처음 만나 서로 어디에 사는지에 대해 이야기하면서 "근데 너희 집 자가야, 전세야?"라고 물었다는 대목은 집에 관한 우리의 인식을 압축해놓은 것만 같아 씁쓸한 여운을 남긴다. 집이 가졌던, 혹은 가질 수 있는 수많은 색깔 중에 가장 진한 하나의 색을 골라 모조리 덧칠해버린 느낌이다.

물론 '집이 곧 재산'이 되게끔 만든 한국 사회의 특수한 조건을 도외시하려는 것은 아니다. 현재의 상황에서 집 외에 안전한 자산이 무엇이냐고 물을 때 자신 있게 댈 수 있는 답이 있는 것도 아니다. 하지만 조금만 생각해보면 사회가 처한 환경이라는 것이 결국 다른 실체가 없는 무언가에 의해서가 아니라, 우리의 크고 작은 결정이 모여 만들어진 산물임을 알 수 있다. 여기에 일조한 다른 누군가를 탓하기 전에, 전체이자 개인으로서 우리가 다른 선택을 할 수는 없는지 고민해볼 필요가 생긴다.

×

집을 공유한다는 것

집이 재산으로 등치될 때 발생할 수 있는 문제 중 하나는 내가 살고 싶은 집을 마음대로 선택할 수 없다는 것이다. 반대로 집이 나를 선택할 가능성은 높아진다. 집에 나를 맞추어야 한다는 뜻이다. 재산으로서 집이 그 가치를 뽐내는 데 그 안에 살고 있는 사람은 관심 밖에 놓인다. 그보다는 집의 위치나 집의 구조, 또는 집의 장식과 같은 부분들이 집의 가치를 높이는 훨씬 중요한 요소가 된다. 서글프지만 이런 경우 사람 위에 집이 있는 꼴일 때가 잦다.

국가라는 집에서 겨우 벗어나려는 찰나에 재산으로 군림하는 집에 의해 이리저리 끌려다닌다면 그 다음은 무엇일까? 누군가 우리가 살 곳을 지정하거나 우리가 그 안에 구속되는 일 없이 자신을 오롯이 드러낼 수 있는 집은 과연 불가능한 것인가? 살아가는 사람이 보이는 그런 투명한 집은 영영 없는 것일까? 가까운 주위에 없다고 해도 절망하기엔 다소 이르다. 세상 어디엔가 자기만의 방식으로 새로운 집의 형태를 고안하는 이들이 있게 마련이기 때문이다.

자신이 드러나는 '투명한 집'을 갖는 가장 급진적인 방법은 물리적인 집을 갖지 않는 것이다. 집이 내재할 수밖에 없는 구속성에서 과감히 벗어나는 방식이라 할 수 있다. 『당신의 열쇠, 우리의 집Your Keys, Our Home』이란 책을 펴낸 작가이자 여행 블로그 '시니어 노마드seniornomads.com'의 운영자이기도 한 데비 캠벨Debbie Campbell과 마이클 캠벨Michael Cambell 부부는 2013년 은퇴와 함께 미국 시애틀의 집을 처분한 후 수년째 세계를 여행하고 있다.

부부의 여행 경험을 담은 『당신의 열쇠, 우리의 집』은 에어비앤비airbnb를 이용해 세계 곳곳에 있는 다른 사람의 집에 머물렀던 경험도 함께 소개한다. 이들은 여행지에서 며칠을 머물며 현지인이 살아가는 방식 안에 녹아들기 위해 노력하면서 집의 의미를 되새긴다고 한다. 때로는 자원봉

사의 일원이 되기도 하고, 때로는 전통행사에 참여하면서 마음과 몸이 머무는 곳이라면 어디든 그들의 집으로 삼는다. 집을 물리적으로 소유하는 것만이 온전하게 누리는 유일한 방법이 아님을 몸소 보여준다.

집 없이 살아가는 캠벨 부부의 선택보다 좀더 절충적인 방식은 자신의 집을 다른 사람과 공유하는 것이다. 집을 나 혼자 독점하는 상태에서 한 발 물러나 다른 사람과 함께 사용한다는 발상이다. 유명 건축가들이 지은 집과 그 안에서 사는 사람들의 이야기를 영화로 만드는 일라 베카Ila Bêka와 루이즈 르모안Louise Lemoine 감독은 일본 도쿄의 '모리야마 집Moriyama House'에서 작은 공동체를 이루고 사는 이들을 조명한다.

'모리야마 집'의 집주인은 집과 같은 이름을 가진 이로 다큐멘터리 〈모리야마 씨Moriyama-San〉의 주인공이기도 하다. 이 집에서 나고 자라 흔한 여행조차 한 번 하지 않고 살아온 모리야마는 자신이 물려받은 공간의 설계를 건축가 니시자와 류에西澤立衞에게 의뢰한다. 모리야마가 자연과 책 읽기를 무엇보다 사랑함을 간파한 건축가는 거실과 주방, 욕실 등이 각각의 별채로 존재하도록 만들고 그에게 필요한 최소 공간 이외는 다른 사람들에게 세를 내주도록 제안했다. 그리고 별채 사이에는 크고 작은 나무들을 심어 '모리야마 집'에서 살아가는 사람들의 사생활을 존중하면서도 도심에서 자연을 한껏 느낄 수 있도록 했다.

모리야마의 집은 디자인이 가진 존재감을 과시하기보다는 집 안에서 사는 사람들이 좋아하고 아끼는 일을 할 수 있도록 자세를 낮춘다. 다큐멘터리 속의 모리야마는 공동의 공간에서 자신의 집에 함께 사는 이들과 불꽃놀이를 하거나 무성영화를 보면서 혼자인 시간과 같이하는 시간 모두를 만끽한다. 집을 단독으로 소유하더라도 충분히 사용하지 않으면 '죽은 공간'이 된다는 사실을 생각해볼 때, '모리야마 집'은 여럿이 공유함으로써 공간을 살리는 선택을 한 것이다.

×

익숙한 집을 낯설게 여행하는 법

집을 소유하지 않는 것이나 집을 공유하는 것 모두 쉽지 않다면 당장 실현가능한 방법을 생각해볼 수도 있다. 집의 형태를 변화시키기보다 우리 자신의 관점을 변화시키는 방식으로 지금 살고 있는 집을 탐험해보는 것이다. 18세기 프랑스의 군인이었던 그자비에 드 메스트르Xavier de Maistre는 당시 금지된 결투를 벌이다 42일간의 가택연금형을 선고받는다. 어쩔 수 없이 집에 갇힌 그는 자신의 집 안에서 일어난 일과 생각을 기록한 후, 『내 방 여행하는 법』이란 책을 펴냈다. 경제적으로 궁핍하지 않은 상황이었지만, 집을 떠날 수 없다는 신체적 제약은 자칫 메스트르의 정신적 안정감을 앗아갈 수도 있었다.

그러나 메스트르는 일상 속에 묻혀 있던 자신의 집을 미지의 탐험지로 삼아 새로운 발견을 해나가는 데 적극적으로 가담한다. 자신의 집에 있는 의자나 침대와 같은 가구에 대한 단상에서부터 애견과 하인과의 일화, 집에 걸려 있는 그림에 관한 예술관과 철학에 이르기까지 실로 다양한 이야기를 풀어낸다. 가택연금이 끝난 직후, 메스트르는 집 밖을 다시 나와 돌아다닐 수 있는 몸이 되었지만, 어떤 면에서는 집을 여행하던 그 시간 동안 더 자유로웠다고 회상한다. 적어도 집 안에서 그는 자신이 누구인지 새롭게 발견할 수 있었기 때문이다.

오늘 나는 자유다. 아니 다시 철창 안으로 들어간다. 일상의 멍에가 다시 나를 짓누를 것이다. 이제 나는 격식과 의무에 구애받지 않고는 단 한 발자국도 나아갈 수 없게 되었다. 그래도 변덕스런 여신이 있어 내가 경험한 이 두 세계를 다시는 잊지 않도록 해주고, 다시는 이 위험한 연금에 연루되지 않도록 해준다면 그보다 더 기쁜 일은 없을 것이다. 그런데 왜 그들은 내 여행을 끝내도록 내버려두지 않았을까? 나를 방에 가두는 게 벌을 주는 것이라고 생각했던 것일까? 세상의 모든 부귀영화를 간직한 이 멋진 공간에서 말이지? 쥐를 광에 가두는 것과 무엇이 다를까.

우리의 존재가 있는 그대로 드러나는 투명한 집은 오늘날 도처에 있다. 다만 집을 통해 우리의 존재감이 얼마나 지속될 수 있을지는 상황에 따라 다르다. 프랑스 인류학자인 마르크 오제Marc Augé는 전통적인 의미의 장소가 아닌 '비장소non-place'가 점점 더 늘어날 것이라고 예견했다. 그가 말하는 전통적인 의미를 가진 장소는 집과 학교와 같이 역사가 깃들어 있어 개인의 정체성에 준거를 제공하는 곳이다. 전통적인 장소에서 사람들은 정착해 자신만의 방식들을 고

수했으나 현대의 비장소에서는 사람들이 끊임없이 이동하면서 연결을 자유롭게 맺고 끊는다. 이 도시, 저 도시를 마음껏 내 집으로 삼을 수도 있고, 다른 사람과 기꺼이 집을 나눌 수도 있으며, 익숙한 집을 낯설게 여행할 수도 있다.

이제 우리는 시스템에 기대거나 소속되지 않고 개인으로 설 수 있는 기회를 마주하게 되었다. 삶의 모양대로 각기 다른 집을 갖는다는 것은 자유로운 만큼 책임을 동반할 테고 이동이 원활한 만큼 고독할지 모른다. 그렇지만 살며시 미소 지을 수 있는 순간이 올 것이다. 집 안에 살고 있는 우리가 누구인지 투명하게 보일 것이므로.

어른이
된다는 것

×××××

×

19세와 20세 사이

최근 '19+1'이라는 독립 다큐멘터리 기획을 접할 기회가
있었다. 20대 초반의 감독은 19세에 1년이 더해졌을 뿐인
데, 갑자기 법적으로 성년을 인정받아 어리둥절한 느낌이
들었다고 한다. 선거권의 취득, 흡연·음주 금지 등의 제한
해제, 친권자 동의 없이 혼인할 수 있는 조건 등 19세일 때
는 할 수 없었던 일들을 할 수 있게 되었다는 것이 과연 무
엇을 의미하는지, 법률상으로 '완전한 행위 능력자'가 되었

다는 사실이 자신에게 어떤 무게로 다가올지 전혀 알 수 없기 때문이라고 했다.

성년에 이르러 성인이 되는 시점에 대해, 이것은 도대체 누가 정한 것인지 묻는 목소리를 뒤로하며 문득 현시대의 '어른'은 누구인지 고민하게 된다. 일정한 나이를 먹었다고 성인의 자격이 되는 20세의 경험만큼이나 그 경계나 조건이 무엇인지 모른 채 당신은 이미 어른이지 않느냐는 질문을 받는 나의 경험도 왜소하긴 마찬가지다.

주위를 둘러보아도 자신이 어른이라고 나서는 이보다는 자리를 슬금슬금 피하는 이를 더 많이 접하게 된다. 어른 되기를 피하는 이유가 가지각색인 만큼 어른이 된다는 것이 의미하는 바도 각자에게 다 다를 것이다. 이렇듯 어른이 더는 생애주기에 맞춰 자연스럽게 주어지는 호칭 또는 표상이 아니라면 무엇일까? 어른은 그저 껍데기에 불과한 무엇일까?

어른의 사전적인 정의는 다섯 갈래로 나뉜다. 어른은 첫 번째 '결혼한 사람'을 뜻하고, 두 번째로 '다 자란 사람 또는 다 자라서 자기 일에 책임을 질 수 있는 사람'을 일컫는다. 세 번째 뜻은 '나이나 지위나 항렬이 높은 윗사람', 네

번째 뜻은 '한 집안이나 마을 따위의 집단에서 나이가 많고 경륜이 많아 존경을 받는 사람'이고, 마지막으로 어른은 '남의 아버지를 높여 이르는 말'이란 뜻을 갖는다.

어른이 지칭하는 여러 뜻은 어른이란 개념이 생겨난 사회문화적인 배경을 짐작하게 한다. 우선, 어른의 개념은 연령이나 사회적 위치에 따른 분류를 통해 수직적 사회질서를 강조한다. 사회집단 내에서 질서를 만들어내기 위해서는 일정한 기준이 필요하다. 그중에서도 가시적으로 드러나는 표식인 연령(생물학적 연령)이나 결혼 여부와 같이 사회적 조건(사회적 연령)을 기준으로 삼는 것이 어른의 보편성을 획득하는 데 용이했을 것이다. 특히 생물학적 연령은 시간과 함께 자연스레 주어지는 동시에 장소적 특징과 상관없이 고정되기 때문에 절대적인 기준으로 인정받아왔다.

둘째, 어른의 개념은 사회 구성원의 책임 의식을 강조한다. 어른의 뜻을 풀어보면 '다 자란' 상태와 '자기 일에 책임을 지는' 태도가 동일한 선상에서 언급된다. 즉, 생애주기에서 인간이 '성숙한 존재'가 되었느냐 아니냐를 가늠하는 데 스스로 책임을 질 수 있는지를 따져 판가름하는 것이다. 여기서 말하는 책임은 주체성의 문제로 발전한다. 자신의 선택에 따른 결과에 대한 책임을 지는 존재는 결국 타인에게 의존하지 않고, 독립적으로 사고하고 행동하는 주체적인 존재로 인정받을 수 있기 때문이다.

셋째, 공적 의미를 띠는 사회적 존재에 대한 가부장적 상상을 강화한다. 일상적인 용례에서 어른은 남의 아버지를 높여 부를 때 사용되지만, '시대의 어른'과 같이 사회적 명망을 얻은 인사를 일컬을 때도 사용된다. 이때 '어른'을 특정하지 않더라도 대중의 상상 속에 어른은 남성이자 아버지로 그려지는데, 이는 일상의 용례가 일정한 학습효과를 가진 것으로 이해할 수 있다.

너 몇 살이야?

역사적으로 성인기adulthood는 사춘기와 함께 시작된다고 받아들여졌다. 청소년adolescence이란 개념이 존재하지 않았던 시기에 어린이는 성장해 청소년기를 거치지 않고 바로 성인기에 진입한다고 보았기 때문이다. 청소년이란 개념이 확립되고 난 이후, 성인기는 두 가지 차원으로 나뉘었다. 하나는 뚜렷한 2차 성징의 특징을 보이고 재생산 능력을 갖춘 생물학적 성인기다. 또 하나는 사회적 성인기로 문화적으로 또는 법적으로 성인임을 인정받은 이들에게 주어진다.

사회적인 차원에서 성인은 자신의 삶에서 필요한 결정을 스스로 내리고 그에 대한 책임을 지기 위해 필요한 능력과 앎을 갖춘 존재로 정의된다. 그렇다면 결정을 내리고 그 결정에 대한 책임을 다하기 위한 능력과 앎은 어떻게 갖출 수 있는가? 여기서 교육이 '성인을 만들어내는' 중요한 역할을 담당하게 된다.

오랜 기간 교육은 초기 문화의 개념처럼 인간의 능력을 배양하는 데 그 목적을 두었다. 그에 따라 먼저 난 자(선생)와 배우는 자(학생)와 같이 학교교육 안에서 행위자를 구분하는 준거에도 먼저 인간으로서 능력을 갖춘 자(성인)와 아직 그렇지 못한 자(미성년)라는 위계가 자리 잡게 되었다. 이는 연령이 낮은 무리가 근대 계몽의 대상으로서 가장 손쉽게 포획된 결과라고 할 수 있다.

비슷한 맥락에서 서양문화사를 연구한 독일 사회학자인 노르베르트 엘리아스Norbert Elias는 근대의 성인 개념이 중세와 당시의 문명화에 따른 '상품'이라고 보았다. 일례로 그는 중세의 식사 예절이 서구 문명화의 시작을 알린 것으로 파악한다. 중세 이전 서구에서는 식사 예절이 나이가 많든 적든 모든 사람에게 해당하는 매우 중요한 교육 중 하나였다.

그러던 것이 1530년 에라스뮈스Erasmus의 저서 『소년들의 예절론De civilitate morum puerilium』에서 성인과 아이(소년)의 구분이 전면적으로 등장했고, 이에 따라 예절 교육이 필수적으로 필요한 아이와 대척점에 있는 '문명화된 존재'인 성인 개념이 강조되었다. 성인 개념에 관한 이 같은 엘리아스의 사회문화사적 추적은 사회적 성원권을 인정받기 위해 교육을 통한 문명화가 성인을 구분하는 조건으로 작동했음을 밝히는 동시에 성인의 개념이 역사와 사회의 맥락에 따라 새롭게 구성될 수 있음을 환기시킨다.

사회적 다양성으로 인해 출생 코호트cohort(특정한 기간에 태어나거나 결혼을 한 사람들의 집단과 같이 통계상의 인자因子를 공유하는 집단)로 사회집단의 특성을 부여하는 것이 점점 어려워지지만, 한국 사회에서는 여전히 연령을 기준으로 하는 '상대적 어른'의 개념이 작동한다. 1990년대에 태어난 20대 사이에서도 '빠른 연생年生'을 따지며 호칭 정리를 하는 모습은 '아직까지도?'란 자문을 하게 만든다.

일상생활 내에서 겪는 타인과의 분쟁에서 사안과는 관계없이 "너 몇 살이야?"와 "너는 (화자와 비슷한 나이대의) 부모도 없냐?"와 같은 질문과 맞닥뜨리게 되는 상황도 우리 사회에서 연령의 비교를 통해 상대적 우위를 따지는 행위가 유효함을 방증한다. 그러나 이 같은 질문을 받은 이가 "(나이) 먹을 만큼 먹었다"거나 "당신 같은 부모를 둔 적은 없다"고 응수하는 광경을 심심찮게 목격하면서 생물학적 연령이 '어른이라면 응당 이러해야 한다'는 사회적 기대심리에 의해 한층 상대화되고 있음을 실감하기도 한다.

생물학적 연령을 기준으로 어른을 가늠했던 것은 단순히 연령 자체를 절대적으로 의미화한 결과만은 아니다. 한 해 한 해 더해지는 나이에 상응하는 경험(치)에 대한 기대 또한 그 안에 포함되어 있다고 할 수 있다. 대표적으로 '지학-이립-불혹-지천명-이순-종심'과 같이 공자의 연령별 비유는 적어도 유교 문화권 내에서만큼은 연령에 비례해 연륜이 축적되는 것으로 인정해왔음을 보여준다.

물론 사회문화적 맥락에 따라 연륜은 달리 해석될 수 있다. 연륜은 지혜, 노하우, 암묵지, 경험치와 같은 표현으로도 대체될 수 있는데, 이 단어들의 공통점은 시간과 경험이 내재된 숙련의 정도를 지칭한다는 점이다. 말하자면 연륜은 일정한 수준에 도달한 결과를 존중하는 동시에 결과 못지않게 그 수준에 도달하기까지의 과정을 중요시한다.

간과하지 말아야 할 것은 연륜이 칭송받을 수 있는 특수한 역사적 조건이 존재할 수 있다는 사실이다. 시공간을 선형적으로 인식하고, '오늘보다 나은 내일'과 같이 미래에 관한 낙관적 전망을 전제할 수 있던 조건하에서는 달성한 결과만큼이나 어떤 과정을 거쳤는지가 의미 있게 다가올 수 있었다. 어른이 누구인지 묻기 위해 오늘날의 역사적 조건을 관찰하는 것은 이런 관점에서 중요해진다.

어른도 성장한다

아오노 슌주靑野春秋의 만화 『아직 최선을 다하지 않았을 뿐』은 갓 마흔이 된 남성 시즈오가 만화 작가가 되는 과정을 쫓는다. 홀아버지와 고등학생인 딸 스즈코와 함께 사는 시즈오는 직장을 그만둔 후 만화 지망생의 삶을 시작한다. 불행하게도 시즈오에게 만화가로서 재능은 없고, 만화가가 되

겠다고 하는 그를 바라보는 주변의 시선은 차갑다. 만화가
로서 성공하는 결말을 맞이하기는 어려워 보였던 시즈오의
이야기는 한국에서 2012년에 번역·출간된 이후 젊은 독
자층을 중심으로 큰 호응을 얻었다.

제목에서도 엿보이듯이 시즈오는, 그리고 이 이야기는
생물학적으로 어른의 연령을 훌쩍 넘겼다 할지라도 '아직
최선을 다하지 않았을 뿐'이라고 자신의 더딘 성장을 다독
인다. 어른이라고 해서 성장이 완결되는 것이 아니라, 두 번
이고 세 번이고 어른으로 자랄 수 있다고 말한다. 어른의 성
장 가능성은 어른이라는 개념이 변화할 수 있다는 점과 오
늘날의 사회 환경이 어른 개념의 변화를 촉구하고 있음을
시사한다. 성장하고 있는 중이니 다그치지 말아달라고 부
탁하는 '어른'의 말이 값싼 자기 연민으로 변질되지 않으려
면 시즈오처럼 계속 성장하는 수밖에는 없다. 어른의 성장
을 바라보는 현실이 아무리 매몰차더라도 말이다.

한편 전고운 감독의 영화 〈소공녀〉에는 생활을 위해 가
사 도우미를 3년째 하고 있는 주인공 미소가 등장한다. 친
구의 집안일을 봐주고 일당을 받아도 싫은 내색을 하지 않
는 미소에게 중요한 것은 담배와 위스키와 애인이다. 집세

와 담뱃값, 위스키 값이 모두 오르자 미소가 가장 먼저 포기한 것은 집이었다. 집이 갖고 있는 표상적 의미가 큰 한국의 현실을 비추어보았을 때, 미소의 결정은 통상적인 감각을 비껴나간다.

결혼 여부만큼이나 집의 소유 여부는 한국 사회에서 어른 대접을 받을 수 있는 기준 역할을 한다. 그런 관점에서 상징적이긴 하나 '담배와 위스키와 애인'과 '집'을 맞바꾼 trade-off 미소는 지금의 위치에서 더 나아가지 않기로, 그래서 어떤 의미에서는 어른으로 성장하지 않기로 결심한 모양새로 비친다.

하지만 여기서 어른 되기의 전제를 바꾸면 어떻게 될까? 어른이 된다는 게 비단 배우자와 집과 직업과 소속의 유무와 관계가 없는 것이라고 한다면, 그래도 되는 것이라고 한다면? 그 대신 다른 가치들, 예를 들어 타인에 대한 공감과 자신의 행위에 대한 책임과 같이 수치화될 수도 없고 가시적으로 드러나지 않는 것들이 어른 되기의 전제 조건이라고 한다면? 이런 것들도 어른을 가늠하는 데 제기 가능한 물음이 될 수 있을까?

시즈오와 미소라는 가상의 인물이 그려내는 어른은 타

인과의 관계 안에서 성장을 되묻는다. 스스로 성장을 되묻기에 자신보다 나이가 어린 누군가를 함부로 대하지 않고, 다른 어른들 앞에서도 성장을 완결하지 못한 자신을 겸허히 받아들인다. '자라나는' 이들의 모습을 통해 어른의 생물학적 조건에 사회적 조건이 자동적으로 따라오는 것은 아니며, 어른이라고 인정할 만한 사회적 조건이 반드시 가시적인 지표로 드러나야 하는 게 아닐 수 있음을 깨닫는다.

그렇다면 어른은 누구인가? 어느 정도 성장했지만 계속 성장해야 한다고 여기거나 성장의 모양이 하나가 아니라 다양할 수 있음을 인정한다면, 그게 어쩌면 어른일지도 모른다. 그런 의미에서 우리 중 그 누구도 어른이 아니거나 이미 모두 어른이다.

마음의 지식,
지식의 마음

××××××

×

상식의 파괴와 금기의 해방이 주는 쾌감

아직도 온라인상에서는 LCHFLow Carbohydrate High Fat, 일명 '저탄수화물 고지방 식단'에 대한 논쟁이 여전히 진행 중이다. 그 발단은 2016년 9월 두 차례에 걸쳐 방송된 MBC 스페셜 〈지방의 누명〉이었다. 방송 이후 '저탄수화물 고지방 식단'에 대한 갑론을박은 종교전쟁을 방불케 할 정도로 거세졌다. 한편에서는 이 식단에 반대 성명을 발표하는 등 집단적인 움직임을 보였고, 한편에서는 오랫동안 검증된 다이어트 방식이라 문제가 없다는 입장을 고수하고 있다.

미디어는 앞다투어 '저탄수화물 고지방 식단'을 소개하고 전문가의 소견을 곁들였지만, 같은 기사 내용에 대해서도 극도로 상반되는 해석이 쏟아졌다. '특정 음식에 대한 오해가 풀렸다'며 환영하기도 하고, '제대로 취재하지 않아 오류가 많다'는 지적이 있기도 하는 반면, '장기적으로 효과가 있는지 검증된 바는 없다'며 단정 짓기도 한다.

가만히 지켜보면 이와 같은 논쟁이 그리 낯설지 않음을 알 수 있다. '저탄수화물 고지방 식단' 이전에 '간헐적 단식'이 등장했을 때도 '해독 주스'가 널리 회자되었을 때도 비슷한 상황이 존재하지 않았던가. 대상이 조금씩 달라졌을 뿐, 이에 대해 제기되는 질문은 변함이 없는 듯하다. 그것을 믿느냐 혹은 믿지 않느냐. 쉽게 답하기 어려운 질문 사이로 우리의 마음은 항상 요동쳤던 셈이다.

'저탄수화물 고지방 식단'을 본격적으로 소개한 MBC 스페셜 〈지방의 누명〉은 여느 다이어트를 소개하는 프로그램과 같이 일반인 출연자의 일화를 중심으로 구성되었다. 물론 전문가와의 인터뷰나 이론적 설명을 담은 자료 화면을 통해 전문적인 지식이 전달되기도 하지만, 그보다 강력한 힘을 얻는 것은 시청자와 크게 다를 바 없는 일반인의 등장이다.

프로그램 속의 일반인 사례는 '나도 해볼 수 있겠다'는 생각이 들 만큼 시청자의 의심을 무장해제시킨다. 여기에 더해 사례자들의 극적인 변화를 시각적으로 경험한다는 것은 그 어떤 것보다 믿을 만한 증거가 된다.

방송 프로그램을 떠나 '저탄수화물 고지방 식단'이 반향을 일으킨 데에는 크게 세 가지의 요인이 존재하는 것으로 보인다. 첫째, 상식의 파괴와 금기의 해방이 주는 쾌감이다. 지방은 필수영양소이지만 탄수화물이나 단백질에 비해 죄악시되어온 경향이 있다. 특히 지방과 관련된 시각적 공포가 확산되고 지방 섭취를 살이 찌는 현상과 직접적으로 결부시키면서 지방은 필수영양소가 아닌 불필요한 영양소로 둔갑했다. 그동안 움츠려 있던 지방에 대한 불안감이 '저탄수화물 고지방 다이어트'를 통해 일순간 해소된 것이다.

여기에 지방을 어느 정도로 섭취해야 하는지에 대한 적정선에서 벗어나는 해방감도 한몫했다. 지방과 층위는 다르지만, 그동안 한국인의 식생활에서 당분이나 염분에 대한 경고도 상당했다. 현대인이라면 누구든 '적정한 양을 적정한 선에서 섭취'해야 한다는 강박관념에 사로잡혀 있었는데, 탄수화물을 적게 섭취하는 대신 지방은 생각보다 많이 먹어도 된다는 명제에서 일종의 자유를 만끽하게 된 셈이다.

둘째, 한국인의 식생활의 변화 양상이 해당 식이요법과 현실적인 접점을 찾을 수 있었다는 점이다. 한국인의 식생활에서는 오랜 농경문화의 전통에 따라 밥, 즉 쌀을 중심으로 하는 사고가 강조되어왔다. 그러나 서구의 식생활이 소개되는 한편 현대의 일상 패턴이 과거 농경사회의 그것과 큰 차이를 보임에 따라 쌀을 배제한 식생활이 가능해지고 있다. 버터나 코코넛오일 등을 주로 사용하는 '저탄수화물 고지방 식단'을 실천할 때, 쌀 중심의 식단보다 시간적 · 경제적으로도 유리한 측면이 생긴다고 할 수 있다.

셋째, 목적에 부합하는 결과를 단시간에 얻을 수 있다는 점을 들 수 있다. '저탄수화물 고지방 식단'을 시도하는 사람들의 목적은 무병장수보다는 체중 감량에 있다. 체중 감량이라는 분명한 동기를 충족시키는 빠른 효과는 즉각적인 효과와 즉시적인 실천 가능성이 중시되는 현대사회에 적합한 특질이기 때문에 이 식단이 각광받은 것으로 볼 수 있다.

대중의 마음을 얻는 지식

'고지방 저탄수화물 식단'을 둘러싼 대중의 열광에서 살펴본 바와 같이 특정한 지식을 수용하는 데 지식의 진위 여부보다 지식에 대한 믿음이라는 마음의 형태가 주요하게 작용한다. 여기서 짚고 넘어가야 할 것은 바로 지식이 성립되기 위한 조건이 무엇이냐는 질문이다. 꽤나 오랜 기간 지식은 '지식인'이라는 특정한 집단에 의해 만들어져 지식인이 아닌 대중에게 전해지는 것으로 여겨졌다. 지식을 만드는 사람으로서 지식인상은 각각의 문화권과 시대에 따라 조금씩 바뀌었다.

예컨대 근대 이전의 사람들은 당시의 지식인이자 전문가라고 할 수 있는 주술사와 같은 이들에게 자문을 했다. 전근대의 주술사는 추상적 세계를 지배함으로써 과학적 척도에 근거한 '맞고 틀림'의 문제보다는 가치를 기준으로 '옳고 그름'을 가늠해 지식을 구분했다. 서구에서는 중세로 접어들면서 주술사의 역할이 자연스레 교회의 성직자에게 넘어갔다. 교회의 성직자들은 '신의 언어'를 읽고 해석할 줄

아는 특권적 소수로서 신과 삶을 밀착시키고자 했던 중세 사람들에게 권력을 행사할 수 있었다.

이후 합리주의적 사고에 대한 강조와 함께 근대가 시작되자 지식은 학자라는 새로운 지식인 집단의 손에 넘겨졌다. 대학을 중심으로 하는 아카데미아의 위력이 확대되는 가운데 학자에게 '전문가'라는 타이틀이 덧입혀짐으로써 근대 이후의 지식은 한동안 학자의 전유물인 것처럼 인식되었다. 대학과 같은 교육기관 이외에도 정부와 산업의 역할이 확대되면서 실제 상황에 적용 가능한 지식인 실용적 지식에 대한 요구가 늘어나면서 전문가와 전문 지식의 권위는 한층 공고해졌다.

하지만 근대적 합리성으로 인해 인류가 놓쳐왔던 것에 대한 반성의 움직임이 일어나면서 '전문 지식'에 대한 회의가 잦아들었다. 20세기 들어 발발한 두 차례 세계대전의 여파가 무엇보다 컸다. 인류의 잔인성을 경험한 대중은 전문 지식에 대해서뿐만 아니라, 근대를 지배했던 이성과 합리적 사고에 대해서도 깊이 성찰하게 되었다. 그에 따라 지식에 관한 근본적인 재고가 이루어졌다.

예를 들자면 지식이 소위 '전문적 지식인'이라고 하는

특정 집단에서만 생산되어야 하는 것인지, 단일한 대상에 대해 복수의 지식이 공존할 수는 없는 것인지, 또는 결과로서의 지식이 아니라 과정으로서의 지식이 간과되어온 것은 아닌지 등에 대한 의문이 이어졌다.

이와 같은 질문들은 지식에 대한 정의뿐만 아니라 지식이 만들어지고 받아들여지는 사회적인 맥락에 대해서도 새로운 설명을 요구했다. 즉, 지식이 비단 이성-언어-이론으로만 이루어지는 것인지, 그리고 이런 가정 안에 포함되지 않는 지식에는 어떤 것들이 있는지 살펴보기 시작한 것이다. 그 결과 영국 사회학자인 앤서니 기든스Anthony Giddens의 예견대로 현대의 지식은 완결된 서사가 아닌 '가설의 형태'로 존재하는 가운데 대중의 머리가 아닌 마음을 얻기 위해 경쟁하기에 이르렀다.

×

사회적 마음

현대사회에서 지식으로 성립되고 인정받는 데 머리보다 마음이 중요하다는 식의 설명은 언뜻 지식이 전근대의 상황으로 되돌아간 것 같은 인상을 준다. 사람들의 마음을 움직이는 게 현대의 지식이라고 한다면, 주술사가 사람들에게 마음의 향방을 제시했던 것과 다를 바가 무엇인지 궁금해진다. 이 지점에서 우리는 크게 두 가지의 차이를 발견할 수 있다. 우선 오늘날에는 지식을 위한 주술사가 존재하지 않는다. 지식의 문제에서 절대적인 권위를 발휘하는 누군가가 존재하지 않는다는 사실은 지식체계가 상대적으로 수평화되었음을 뜻한다.

말하자면 특정 권한이 없는 이들도 얼마든지 지식을 만들 수 있게 되었고, 자유롭게 유통하거나 공유할 수 있게 되었다. 지식의 수평화는 지식의 민주화라고도 할 수 있는데, 여기에는 인터넷의 힘이 절대적이었다. 지식을 공유할 수 있는 공적 공간으로서 온라인은 '위키피디아'와 같은 집단지성의 구체적인 결과물을 내놓았고, 지식백과로서 위키피디아에 관한 여러 비판이 존재하지만 접근성과 용이성에서는 탁월한 면모를 보이고 있다.

전근대의 지식과 오늘날의 지식 간의 또 다른 차이는 지식을 대하는 마음에 관해 전근대와 현대의 시각차가 존재한다는 점이다. 전근대의 지식은 고도로 추상적이고 때로는 초현실적인 세계를 다루었다. 그에 따라 전근대의 지식에 대한 마음도 현실과 괴리된 주술적인 수준에서 이해할 수 있다. 반면에 현대의 지식에서 마음은 이성과 감성이 결합되어 있는 형태로 현실과 관계를 맺고 있다고 볼 수 있다.

이를 잘 설명해줄 수 있는 개념 중 하나가 '망탈리테mentalité'다. 심성心性 또는 사회적 마음이라고도 번역하는 망탈리테는 마르크 블로크Marc Bloch나 뤼시앵 페브르Lucien Febvre와 같은 프랑스 역사학자들이 눈에 보이지는 않지만 분명 존재하는 사회의 특성을 살피기 위해 사용하기 시작했다. 망탈리테는 감정이나 심리라는 개별적인 사례 안에 묶어놓는 개념으로는 설명할 수 없는 영역을 포함한다.

그보다 망탈리테는 현실 사회 안에서 개인과 개인 간, 개인과 사회 간의 끊임없는 상호작용을 통해 구성되는 정서적 복합물을 지칭한다고 할 수 있다. 이처럼 이성과 감성을 별개의 것으로 분리하지 않는 가운데 여전히 현실에 발 딛고 있다는 점에서 망탈리테는 오늘날의 지식에 대한 개인과 사회의 마음을 살피는 데 유용한 관점을 제시한다.

특히 먹거리와 관련된 지식의 경우에는 뒤에 숨은 망탈리테를 한층 세심히 들여다볼 필요가 있다. 왜냐하면 먹거

리에 대한 지식은 우리의 몸과 직결되고, '누구나 먹는다'
는 보편적인 사실과 관련되어 있기 때문이다. 1990년대 이
후 한국 사회에서 발생했던 여러 먹거리 파동이 야기한 사
회적 파장이 컸던 것도 이와 같은 맥락과 맞닿아 있다. 먹거
리에 대한 지식은 멀리 동떨어진 고매한 지식이 아니라 일
상과 사정거리가 짧은 실질적인 지식이기에 누구나 자신의
관점에 기댈 수 있는 것이다.

오늘날 네트워크를 통해 폭발적으로 정보의 양이 늘어
나고 있다는 사실도 지식의 망탈리테에 주목해야 할 이유
가 된다. 과잉된 정보 환경 내에서 대중은 종종 정보의 양에
압도되어 자신에게 필요한 지식을 구성하는 데 어려움을
느낀다. 지식 구성에서 혼란을 겪는 가운데 사안을 상대주
의적으로 바라보고자 하는 인식은 강한 영향력을 발휘하
고, 구성된 지식이 개개인에게 정서적 안정을 주는 경우라
면 그 지식을 지탱하는 힘은 더욱 강해지는 것이다.

이와 같이 오늘날의 지식과 지식을 구성하는 환경이 지
닌 특징을 이해한다면 '저탄수화물 고지방 다이어트'를 둘
러싼 논쟁에서도 지식의 망탈리테가 중요함을 깨닫게 된
다. 관련 지식들의 참과 거짓을 따지기보다 특정 시점에서

특정 지식이 왜 부각되었는지, 어떤 반동적인 의미를 갖는지, 나아가 어떻게 힘을 얻었는지에 주목해야 한다. 그 어느 때보다 현대사회의 지식이 일종의 신앙faith과 유사한 형태로 존재하고, 이에 따라 각각의 지식을 일부분으로 포함하고 있는 전체, 즉 지식이 속해 있는 믿음 체계까지 받아들이고자 하기 때문이다.

정이현의 단편소설 「미스조와 거북이와 나」에는 다음과 같은 대목이 있다.

언젠가 식당에서 메밀국수를 먹을 때였다. 미스조가 젓가락질은 안 하고 자신이 키우는 거북이에 대해서 한참 동안 이야기했다. 거북이가 어찌나 먹성이 좋은지 바나나 한 개를 까주면 눈 깜짝할 사이에 먹어치우고 다음 바나나를 기다린다고 했다.
"거북이가 과일을 먹는다고요?"
"그럼. 얼마나 좋아하는지 몰라. 몸에 안 좋다고 주지 말라는 말들도 있고 일주일에 한 번만 주라는 말들도 있지만, 사는 게 어디 그런가. 몸에 덜 좋아도 마음에 흡족하면 그게 또 좋은 거지."

  자신이 키우는 거북이에게 바나나를 주며 만족해하는 '미스조'의 말은 '저탄수화물 고지방 식단'뿐만 아니라 오늘날 우리의 삶을 드나드는 수없이 많은 지식이 갖는 비밀을 넌지시 알려준다. 현대의 지식은 머리뿐 아니라 마음에도 달린 일이라고. 그러니 무엇보다 마음을 살피는 게 우선이라고 말이다.

3장

×

타인의
시선과 반응에
민감한 이유

조금은
다른 여행

××××××

×

〈윤식당〉과 〈스페인 하숙〉

따스함과 행복. 조금이라도 발을 잘못 내딛으면 미끄러질
듯한 빙판 같은 인터넷 공간에서 좀처럼 마주하기 어려운
감정들이 일주일 단위로 쏟아져 나온다. tvN 〈스페인 하숙〉
은 나영석 PD의 전작인 〈윤식당〉에 비해 다소 조용한 화제
를 낳았지만, 프로그램 내용에 대한 대중의 반응은 이전의
온도를 넘어선 것 같기도 하다. 많은 사람이 프로그램을 보
는 것만으로 위로와 감동을 받았다고 하니 예능을 볼 때 주

로 재미 요소를 기준으로 논했던 것과 꽤나 다른 양상인 것
은 확실해 보인다.

여행에 관해 이야기하기 전에 나영석 PD와 그가 만든
프로그램을 언급하는 것은 나름의 이유가 있다. KBS〈1박
2일〉부터 tvN〈스페인 하숙〉에 이르기까지 그가 걸어온
길을 되돌아보면 우리 사회에서 그동안 여행의 의미가 어
떻게 바뀌어왔는지를 어느 정도 유추할 수 있기 때문이다.

예능 프로그램이다 보니 어쩔 수 없이 우아한 방식의 관
광보다는 '야생'에서 살아남는 생존에 초점을 맞추긴 했지
만,〈1박 2일〉은 일상적으로 여행을 가는 시대가 열렸음을
알리는 신호탄 같은 존재였다.〈1박 2일〉이 첫 방송을 내보
내기 3년 전부터 주5일제가 시행되었지만, 2000년대 중반
까지도 대부분 사람들은 어디에서 무엇을 하며 휴일을 보
내야 할지 확신하지 못했다.

지금과 비교해보면 비용의 측면에서도 휴일 기간에 외
국에 나가는 것은 여러모로 부담으로 다가왔기 때문에, 짧
은 시간을 효율적으로 보낼 만한 여가의 형태가 필요했다.
그런 상황에서〈1박 2일〉은 출연자들을 중심으로 하는 미
션과 게임 사이사이에 국내 곳곳의 풍경을 포개어놓음으로

써 일상과 여행 간의 간극을 좁히는 계기를 마련했다.

이전에 비해 여행 가는 문화에 대한 대중의 정서가 관대해진 2010년 이후, 나영석 PD의 프로그램은 한층 본격적인 형태의 여행을 떠나게 된다. 2013년부터 시작된 '꽃보다' 시리즈와 2014년부터 시작된 '삼시세끼' 시리즈는 번갈아가며 외국과 국내의 아름다운 정취를 보여주었고, 사람들이 속박된 일상에서 벗어나 잠시나마 자유로워지는 순간을 경험할 수 있도록 만들었다.

출연자와 여행지만 바뀐 동일한 콘셉트의 시리즈가 쉴 새없이 쏟아졌지만, 대중이 이를 싫어하는 기색은 찾아보기 어려웠다. 배낭여행이라는 것이 비단 젊은 세대만의 전유물이 아닐 수 있음을, 세 끼 밥을 일일이 만들어 먹는 지난한 과정도 얼마든지 일상을 여행하는 방법이 될 수 있음을 알려준 것만으로도 프로그램의 존재 이유를 충분히 증명했기 때문이다.

그로부터 몇 년이 지난 후 나영석 PD는 외국 현지에서 한식당을 운영하는 〈윤식당〉과 하숙집을 운영하는 〈스페인 하숙〉을 통해 조금은 다른 방식의 여행을 이야기하기 시작했다. 그저 스쳐지나가는 뜨내기의 여행이 아니라, 한곳에 자리를 잡고 머무르는 방식의 여행이 바로 그것이다. 그런 여행의 방식을 통해 그는 유명 여행지의 화려함 같은 요소가 없더라도 새로운 것과의 우연한 만남이 있고, 별다를 것 없는 일상을 살아가지만 조금은 낯선 환경임을 실감하는 여행은 어떤지 슬그머니 묻는다.

10년 이상 여행을 소재로 말을 걸어오는 프로그램 연출자가 지겨울 법도 한데, 사람들은 매번 비슷한 듯 다른 마법을 부리는 그를 마다하지 않는다. 여행을 떠나고 나면 집이 그리워질 것임을 뻔히 알면서도 짐을 싸고 여행 계획을 세우며 설레어하는 마음과 비슷해서일까? 시간의 흐름과 함께 여행도 자신의 외피를 바꾸어가며 우리를 현혹한다. 이전과 조금은 다른, 그런 여행을 떠나보지 않겠느냐고.

여행을 대하는 우리의 자세

1980~1990년대까지만 해도 여행은 집을 떠나 낯선 여행지를 향해 이동하는 것 자체에 그 목적이 있었다. 해외여행이 지금처럼 흔했던 시기가 아니었기에 한 번 여행을 떠나기

위해서는 많은 정보와 자금이 필요했다. 휴가 기간도 짧았기 때문에 빡빡한 일정하에 되도록 많은 여행지를 돌아볼 수 있도록 계획하는 것이 중요했다. 패키지 여행은 이 같은 요구에 부응해 여행의 대중화에 기여했다. 초기의 패키지 여행은 주요한 여행지의 대표적인 장소만을 둘러보고 계속 이동하는 식으로 자리 잡았다. 대부분 사람들이 집을 떠나 여행지에 와 있다는 사실을 곱씹을 겨를조차 없는 강행군의 연속인 경우가 많을 수밖에 없었다.

2000년대 들어 인터넷 공간을 중심으로 여행과 관련된 정보들이 축적되는 가운데 해외여행의 부흥기가 도래했다. 유럽 배낭여행을 다녀온 대학생들은 여행과 관련된 사소한 정보까지도 공유했다. 빠르면 1년 단위로 개정되는 여행 책자에 의존했던 여행객들은 인터넷을 통해 더 다양한 여행 정보를 얻을 수 있게 되었다. 그중에서도 외국어와 검색 정보로 무장한 젊은 층의 여행자들은 패키지 여행의 짜인 틀을 벗어나 자신만의 여행 루트를 만드는 등 이전과는 다른 양상이 나타났다.

인터넷상에 여행 관련 정보가 많아지면서 개인이 선택할 수 있는 여행의 폭이 넓어졌다는 것은 분명하다. 하지만 다른 한편으로는 여행과 관련된 정보가 양적으로 방대해졌을 뿐, 정보가 가리키는 방향이 유사해 이전보다 다채로운 여행을 한다고 말하기 어려워진 부분도 있다. A라는 여행지로 떠날 계획이 있다고 했을 때, 우리 중 대부분은 여행지의 숙소와 맛집, 명소 등을 검색한다. 검색 결과를 보면 흥미롭게도 여행자들이 각기 다른 여행을 하기보다는 사람들이 이미 경험한 내용과 방식을 그대로 따르는 경우가 많음을 알 수 있다.

약간의 과장을 보태어 말하자면 '여행 후기의 아바타'처럼 행동하는 셈이다. 이를 두고 여행이 패턴화되고 있다고 볼 수도 있다. 가지각색의 여행이 존재한다기보다 일정한 패턴을 반복한다는 점에서 그렇다. 여행의 패턴화 뒤에는 정해진 여행 기간을 허투루 쓰고 싶지 않다는 마음이 숨어 있다. 내가 갈 여행지를 이미 다녀온 누군가가 미리 먹어보고 체험해본 정보가 곧 여행을 가치 있게 보내게 만들어줄 기준이 되고, 이 기준을 따르게 되면 적어도 비슷한 정보를 갖고 여행을 할 다른 사람들에게 '완벽한 여행'으로 보일 수 있다.

하지만 이렇게 치밀하게 짜인 개별 여행도 패턴화되었

다는 측면에서 패키지 여행과 크게 다르지 않다. 패키지 여행에서 인솔자와 여행자 그룹이 빠졌을 뿐이지 한정된 시간 안에 최대한 많은 것을 보고자 하는 여행의 모양새가 완전히 달라졌다고 하기 어렵다. 그렇다면 우리는 여행을 어떻게 바라보고 있는 것일까? 패키지 여행이든 개별 여행이든 조금이라도 손해 볼 수 없다는 강박에 이토록 시달리는 건 왜일까?

여기서 눈여겨봐야 할 건 여행을 대하는 우리의 자세다. 지금의 우리는 여행을 소비의 연장선상으로 바라보는 듯하다. 여행을 소비로 인식하는 마음가짐이 강할 때, 시간이든 재화든 이를 통제하는 것이 무엇보다 중요해진다. 분 단위로 여행 동선을 짜고, 맛집 리스트를 섭렵하고, 'OO에 가면 꼭 사야 할 것'을 챙기는 여행은 소비 그 자체가 된다.

소비(하기만)하는 여행이 물론 나쁘다고 할 수는 없다. 여행의 목적이야 각기 다른 것이므로 선택의 자유는 언제든지 열려 있다. 다만 이 같은 여행의 단점은 분명히 있다. 여행의 시작과 함께 자기 자신도 소비되어버리는, 그래서 여행이 끝날 때쯤엔 자기 자신이 어디에 있었는지 확실히 말할 수 없는 상태에 다다른다는 점에서 그렇다. 물론 인증샷을 남긴 명소와 맛집, 그리고 여행 가방 안에 남아 있는 기념품들이 여행을 다녀온 나를 증명한다고도 할 수 있지만, 그것은 내가 아닌 다른 누구라도 내놓을 수 있는 증거품들이다. 내가 한다고 믿었던 여행이 소비와 함께 비슷한 여행 후기 안으로 흘러들어 헛헛함을 남기기 쉽다.

×

여행은 살아보는 거야

〈윤식당〉과 〈스페인 하숙〉이 제시한 여행의 방식으로 되돌아가보자. 프로그램 출연자들처럼 장기간 머무르는 것은 어렵겠지만, 각자에게 주어진 기간만이라도 한 장소에 머무르는 여행을 한다면 어떨까? 그렇게 할 때, 어떤 측면에서 여행이 갖는 의미가 이전과 달라진다고 할 수 있을까?

한곳에 머무르는 여행은 몇 년 사이 꽤 친숙한 콘셉트로 떠올랐다. '현지인처럼 살아보기', '○○○ 한 달 살기'가 바로 그 예다. 2008년에 설립된 숙박 공유 플랫폼인 '에어비앤비'가 초기에 '여행은 살아보는 거야'라는 캐치프레이즈를 전면에 내세운 것도 유사한 맥락에서 이해할 수 있다. 원래 살던 곳에서 잠시 이동했다 다시 돌아오는 것이니 분명 여행이지만, 여러 여행지를 다니지 않고 한곳에 머물러 살아본다는 점에서 거주의 성격도 갖는다.

이처럼 여행과 거주의 중간 형태를 띤, 머무르는 여행이 갖는 매력 중 하나는 우연성에 있다. 패키지 여행이나 철저히 계획된 개별 여행에서는 우연성을 기대하기 어렵다. 한 목적지에서 다른 목적지로 이동하는 동선과 그에 따라 계산된 시간표 안에서 미처 예상치 못했던 새로운 것들을 경험할 가능성이 낮아진다. 일본 문화연구자인 아즈마 히로키東浩紀는 여행이 주는 우연성을 '노이즈'라고 표현했다.

그에 따르면 정보화 사회 안에 사는 현대인은 인터넷을 통해 필터링된 정보만을 접하다 보니 자신에게 늘 익숙한 기호 환경에 젖어 있다. 일상 안에서 필터링되지 않은 노이즈를 접할 기회가 적다 보니 더 친숙한, 그렇기에 더 좁아지는 세계를 벗어날 기회가 없게 된다. 노이즈란 표현은 언뜻 듣고자 하는 소리를 방해한다는 의미에서 부정적으로 느껴질 수 있지만, 아이러니하게도 소리를 더 잘 듣기 위해서는 적당한 노이즈가 필요하다.

그런 점에서 머무르는 여행이 가져다주는 미리 계획할

수 없는 수많은 우연성이 오히려 여행에서 마주하게 되는 경험을 한층 풍성하게 만들어준다고 할 수 있다. 머무르는 여행이 우연성에 기댈 때, 여행자는 새로운 만남을 기대할 수도 있다. 그동안의 여행은 이동과 소비로 가득찬 것에 비해 낯선 타자와 이야기를 나눌 수 있는 기회를 주지는 못했다. 타자가 분명 살고 있는 공간을 스쳐갔을 뿐, 타자가 실제 어떻게 살아가는지를 알기는 어려웠다.

머무르는 여행을 통해 여행자가 갑자기 현지인이 되는 것은 아니다. 그래도 그저 스쳐가는 여행자보다는 현지인의 존재를 느끼게 된다고 볼 수 있다. 현지의 삶이 갖춘 방식과 그 안에 존재하는 질서를 존중하는 법을 배우게 된다. 어떤 관점에서 이는 매우 중요한데, 최근 많은 여행지가 넘쳐나는 여행자들로 고통을 받는 것도 현지인의 존재를 제대로 보지 못하는 데서 비롯된다고 할 수 있기 때문이다.

무엇보다 머무르는 여행은 여행이 주는 일상에서 자유로움을 극대화한다. 익숙한 집이 아닌 곳을 임시 거처로 삼아 여행자의 마음으로 이리저리 어슬렁거리는 하루는 일상 안에서 상상하기 어렵다. 일상은 우리에게 해야 할 일을 끝없이 만들어주기 때문에 해야 할 일을 제외하고 다른 마음

을 먹기 쉽지 않다. 다치바나 다카시立花隆는 『사색기행』에
서 이렇게 말한다.

> 일상성에 지배되는 패턴화된 행동(루틴routine)의 반복에서는
> 새로운 것이 아무것도 생겨나지 않는다. 지성도 감성도 그저
> 잠들어 있을 뿐이고, 의욕적인 행동도 생겨나지 않는 것이
> 다.……여행은 일상성의 탈피 그 자체이므로 그 과정에서 얻
> 은 모든 자극이 '색다름'의 요소를 가지며, 따라서 기억이 되
> 는 동시에 그 사람의 개성과 지·정·의 시스템에 독창적인
> 각인을 새겨나간다. 그러므로 여행에서 경험하는 모든 일들이
> 그 사람을 바꾸어나간다. 그 사람을 고쳐서 새롭게 만들어나
> 간다. 여행 전과 여행 후의 그 사람이 같은 사람일 수 없다.

여행을 통해 이전과 달라진 자신을 만날 수 있을지도 모
른다는 작가의 말이 꽤나 솔깃하다. 그 과정을 좀더 천천히
음미하고 싶다면, 한 번쯤 정주하는 여행을 시도해보아도
괜찮지 않을까?

먹방의 끝은
없을지도

××××××

×

먹방의 생애

먹방의 끝이 보이지 않는다. 인터넷방송과 TV 방송을 넘나들며 대중적인 콘텐츠로 자리 잡은 먹방은 비단 방송의 형태뿐 아니라, 광고와 웹툰 등 다른 형태의 콘텐츠에도 일정한 영향력을 발휘하고 있다. 심지어 먹는 행위를 전면에 내세우지 않는 드라마나 리얼리티 프로그램에서도 먹방을 연상시키는 장면이 필수 요소가 되었을 정도다. 하루에 두세 번은 끼니를 챙기니 밥과 삶이 긴밀하게 맞닿아 있는 것은 부정할 수 없으나 먹방의 빈도를 가늠하노라면 우리의 하루가 먹기만 하다 지나갈 것만 같다. 누군가는 질린다고 하고 누군가는 또 보고 싶다고 하는 와중에도 먹방의 생애는 이렇게 계속되고 있다.

2000년대 후반 인터넷방송을 통해 먹방이 하나의 포맷으로 선을 보인 후, 먹방은 하위문화와 대중문화를 아우르는 대표적인 콘텐츠로 떠올랐다. 물론 이전에도 음식이나 먹는 모습이 영상 안에 담기지 않은 것은 아니었다. 하지만 사람이 등장해 먹기만 하는, 즉 먹는 행위에만 집중하는 방식은 상당히 낯선 것이었다. 인터넷방송을 만드는 입장에서 먹방은 여러모로 매력적이라 할 수 있다. 상대적으로 제작비가 적게 들면서도 누구나 공감할 수 있는 음식을 소재로 하기 때문이다.

그런 까닭에 인터넷방송 초기에는 남녀노소를 불문하고 많은 초보 크리에이터가 먹방에 도전했다. 대중의 반응은 서서히 뜨거워지기 시작했다. '남이 먹는 모습'을 본다는 사실이 처음에는 이상하게 여겨졌지만, 음식을 매개로 누군가와 연결되어 있다는 느낌이 모니터로 단절된 두 세계를 가뿐히 뛰어넘었다.

2012년을 전후로 영미권 언론을 통해 한국의 먹방이 소개되었을 때만 해도 먹방은 한국 사회의 가족주의 해체와 1인 가구의 증가라는 사회적 현상에 공명하는 특수한 문화로 비추어졌다. 동서양을 막론하고 식사란 누군가와 함께 해야 한다는 관습이 남아 있어서 실제 마주하고 밥을 먹기 힘든 가족이나 친구 대신 먹방이 그 역할을 해내고 있다는 해석이었다.

일례로 외국의 유튜버들도 먹방mukbang을 고유명사로 활용해 음식을 먹고 난 다음의 감상을 다양하게 표현하면서 시청자들과의 교감을 형성해나가고 있다. 일면 먹방이 시청자들에게 밥을 같이 먹는 사람들과 나누는 대화의 역할을 해주고 있는 셈이다.

다른 한편으로 한국의 먹방은 음식과 먹기의 시각적 스펙터클 자체를 극대화하는 경향으로 발전되어왔다. 이는 먹방 안에서 음식을 직접 먹는 사람보다는 모니터 밖에서 먹방을 시청하는 사람을 겨냥한다. 그 결과 먹방의 미학은 모든 게 실제보다 한층 더 그럴싸하게 비치는 데 있다. 음식도 본래보다 먹음직스러워 보여야 하고, 먹는 사람도 본래보다 맛있게 먹어야 한다. 그래야만 먹는 모습을 계속 지켜봐

준 시청자의 정서적 포만감을 채워줄 수 있기 때문이다.

실제 먹방을 시청하는 이들은 먹방이 가진 대화적 기능 외에도 먹방을 통해 대리만족을 느끼는 경우가 많은 것으로 알려졌다. 다이어트나 기타의 상황적 조건 때문에 먹고 싶은 음식을 먹지 못할 때, 먹방을 시청함으로써 가상으로나마 먹기를 대리로 경험하는 것이다. 이와 같은 시청자의 욕구에 부합해 먹방은 현실보다 훨씬 과장된 형태를 취하게 되었다.

푸드 포르노

과장된 형태의 먹방을 가리키는 용어 중 하나로 '푸드 포르노food porn'를 들 수 있다. 1970년대 말에서 1980년대 초반 사이에 영미권에서 처음 사용되기 시작한 '푸드 포르노'는 광고와 TV 프로그램을 통해 음식과 관련된 이미지가 급속도로 증가하던 현상과 맞물려 등장했다. 식욕을 자극하는 음식 이미지를 지칭하는 푸드 포르노는 광고에서 주로 볼 수 있었는데, 음식이 실제 외양보다 먹음직스럽게 보이는 게 중요했기 때문에 대중의 잠재적인 식욕을 자극할 수 있는 시각적 요소를 최대한 부각했다. 그에 따라 생크림을 듬뿍 올린 케이크나 한없이 늘어지는 치즈가 들어간 피자와 같은 자극적인 이미지가 생산되었다.

소위 푸드 포르노라 불리는 음식 이미지들은 신선한 과일이나 채소 등 건강한 음식과는 거리가 있었다. 미국의 비영리단체는 광고 등에서 사용되는 푸드 포르노가 건강한 식습관을 해칠 수 있다고 판단하고 푸드 포르노를 올바른 식재료와 대조하는 정기간행물을 발간하기도 했다. 푸드 포르노는 고열량의 음식을 더 맛있게 보이려는 시도에서 점차 음식을 미학적으로 어필하는 연출 기법이란 의미의 변화를 겪게 되었다. 인스타그램 등 이미지를 중심으로 하는 소셜미디어가 등장한 이후 일반 대중도 음식의 시각적 요소를 중시하면서 푸드 포르노의 유효기한은 조금 더 늘어났다.

푸드 포르노의 확산은 먹방의 시각적인 문법에도 큰 영향을 미쳤다. 카메라의 앵글과 촬영 방식, 조명 등 세팅 효과뿐 아니라, 음식 자체의 스타일링에 이르기까지 다양한 변화를 가져왔다. 먹방이 움직이는 이미지라는 점도 먹방만의 푸드 포르노적 요소를 부각하는 데 적합했다. 일례로 『왜 맛있을까』의 저자이자 영국 심리학자인 찰스 스펜스Charles Spence는 움직임을 감지할 수 있는 음식 이미지가 그렇지 않은 음식 이미지보다 훨씬 더 식욕을 돋게 만든다고 지적한다.

그에 따르면 같은 수란水卵 이미지더라도 수란 가운데를 깨뜨려 노른자가 흘러나온 장면이 그렇지 않은 장면보다 사람들의 식욕을 자극한다고 한다. 움직임을 직접 볼 수 없는 사진에서도 사람들은 그 이미지를 보면서 노른자가 흘러내리는 움직임을 상상하기 때문이다.

사진을 통해서도 움직이는 음식을 상상할 수 있다면 실제 움직이는 과정을 동영상으로 담은 먹방은 그 상상력이 얼마든지 배가될 수 있다. 이에 먹방은 보글보글 끓는 찌개, 지글거리며 익는 고기, 시럽을 뿌린 빙수와 같은 움직이는 음식 이미지를 적극적으로 차용함으로써 보는 이들이 반사적으로 군침을 삼키도록 만들었다.

푸드 포르노적인 요소를 차용한 먹방도 양적인 팽창과 내부 경쟁을 거듭하면서 종전의 방식을 반복할 수는 없게 되었다. 단순히 많은 종류의 음식을 자극적인 방식으로 묘사하는 것만으로는 이미 먹방의 문법을 간파한 대중을 유혹하는 데 한계가 존재했다. 그에 따라 먹방은 다양한 방식의 변화를 꾀하기 시작했고, 이는 몇 가지 경향으로 추려지는 것으로 보인다.

우리는 무엇을 먹는가?

첫 번째는 먹방이 여행과 만난 경우다. tvN 〈원나잇 푸드트립〉이나 〈스트리트 푸드 파이터〉가 이에 해당한다. 여행과 만난 먹방은 주로 이국적인 배경 아래 펼쳐진다. 헝가리의 고풍스러운 레스토랑에 앉아 굴라시goulash를 맛보거나 일본 오사카의 작은 노포에 앉아 미소ﾐｿ 정식을 먹는 식이다. 이때 먹방은 단순히 음식을 먹는 것에만 집중하지는 않는다. 음식을 먹는 분위기나 음식을 소비하는 방식 등을 총체적인 라이프스타일로 제안한다. '당신이 이런 종류의 라이프스타일을 구가하고 싶다면 이 음식을 선택하라'는 메시지를 던지는 것이다.

여행을 겸비한 먹방은 다른 한편으로 오늘날 여행을 떠

나는 사람들의 동기에 대해 질문하게 만든다. 요즘엔 예전보다 여행을 떠날 수 있는 조건이 상대적으로 쉬워졌고, 여행과 관련된 정보가 많이 늘어났기 때문에 사람들이 여행을 자주 떠나는 편이다. 그렇게 떠난 여행지의 정수를 효과적으로 맛보기 위한 방식 중 하나가 바로 여행지의 식당에서 현지 음식을 맛보는 것이다. 낯선 곳을 파악하는 데 그곳의 음식을 먹어보는 것 이상 보편적이고 즉각적인 방식은 없다고 할 수 있다. 먹방은 이처럼 오늘날 사람들이 여행을 하는 중요한 동기이자 여행을 즐기는 방식이 음식에 있다는 것을 간파하고, 이를 적극적으로 활용한다.

두 번째는 먹방이 인문학과 조우한 사례가 눈에 띈다. KBS 〈한국인의 밥상〉이 대표적이다. 〈한국인의 밥상〉은 지역의 크고 작은 공간을 일일이 찾아다니며 음식이 어떻게 지역적인 특색과 맞물리는지 설명한다. 해산물이 귀한 내륙지방까지 생선을 가지고 오기 위해 염장을 하게 된 배경이나 먹거리가 귀한 산간지방에서 오랜 겨울을 나기 위해 다양한 저장 음식이 발달하게 된 연유를 알려준다. '쌀이 나무에서 주렁주렁 열리는 줄로만 생각하는' 누군가에게는 생생한 교과서가 되는 셈이다.

넷플릭스Netflix의 〈어글리 딜리셔스Ugly Delicious〉도 음식 뒤에 숨은 문화와 역사를 감각적으로 소개한다. 유명 셰프 인 데이비드 창David Chang이 프로그램의 진행자로 나서 미국 전역의 음식을 맛보는데, 특별한 점은 〈어글리 딜리셔스〉가 미국 음식의 혼종성混種性을 전면에 내세운다는 데 있다.

일례로 흑인 커뮤니티가 프라이드치킨을 먹게 된 시작점이나 중국인 커뮤니티가 미국의 식재료를 활용하면서도 전통을 지키려고 한 흔적을 좇는다. 진행자인 데이비드 창이 한국계 미국인으로서 겪은 개인적인 기억을 적극적으로 동원하면서 미국의 음식 문화가 다인종과 다문화가 한데 섞인 다채로운 결과라는 사실을 천명한다.

세 번째는 이야기와 만난 먹방이 있다. 일본 만화 『대결! 궁극의 맛』은 교도소라는 특별한 공간을 배경으로 제소자들의 입을 통해 음식 이야기를 펼친다. 그들의 말을 듣고 있자면 현재의 자유롭지 못한 상황과 무료한 시간에서 잠시 벗어나는 데 교도소 밖에서 먹었던 음식 이야기만 한 것이 없다고 느껴질 정도다. 2015년부터 방송된 tvN의 〈수요 미식회〉나 2018년 방영을 시작한 Olive의 〈밥블레스유〉도 음식 자체보다 이야기를 먼저 앞세운다.

〈수요 미식회〉는 매회 특정한 음식이나 주제를 정하고, 몇 군데의 특정 식당을 방문한 후 이야기를 함께 나눈다. 같은 식당에서 같은 음식을 먹었던 경험을 서로 비교하면서 취향이나 입맛에 따라 얼마나 다른 감상을 가질 수 있는지 확인할 수 있다는 점에서 흥미롭다. 이에 비해 출연자들과 오랜 기간 나눈 친분이 돋보이는 〈밥블레스유〉는 매번 시청자들의 사연을 바탕으로 진행된다. '이사를 가기 전에 점을 봤는데 동서남북 모두 안 좋다'는 점괘를 듣고 마음이 심란한 신청자에게 액운을 쫓는 의미에서 단팥죽을 권하거나 오랜 외국 유학생활을 마치고 귀국하는데 한국에서 먹는 첫 끼로 무엇이 좋을까 묻는 이에게 푸짐한 김치찌개 한 그릇을 추천한다.

이로써 이야기가 있는 먹방은 음식을 먹는다는 것이 그저 입을 통해 음식물을 넘기는 육체적인 과정에 국한되는 것이 아니라는 점을 일깨운다. 음식을 매개로 타인과 공감을 나눌 수도 있고, 쉽게 진정되기 어려웠던 마음을 음식으로 다스릴 수 있다는 점에서 음식은 정신적이고 정서적인 과정을 낳기도 하는 것이다.

마지막으로 소리로 듣는 먹방이 있다. ASMRAutonomous

Sensory Meridian Response이라고 알려진 청각 콘텐츠 중에는 샐러리나 누룽지 등 음식을 먹는 소리를 고감도의 마이크를 이용해 전달하는 '먹방 ASMR'이 있다. 여러 ASMR 콘텐츠 중에서도 '먹방 ASMR'은 대중적인 호응도가 좋은 편에 속한다. '먹방 ASMR'의 등장은 한편으로 먹방의 이미지가 과장 또는 과잉되는 가운데 시각적 피로감에서 탈피하고자 하는 움직임으로 볼 수 있다.

다른 한편으로 음식의 청각적인 요소에 집중한다는 시도 자체가 신선하기 때문에 대중에게 어필하는 것으로도 볼 수 있다. 소리로 듣는 먹방을 경험한 이들은 실제 음식을 청각을 통해 접함으로써 음식과 관련해 다감각적인 상상이 가능했다고 이야기한다. 음식을 눈으로도 먹지만, 귀로도 먹게 된 셈이다.

먹방의 끝이 보이는 것만 같았다. 그런데 근래는 아닐 듯하다. 먹방 스스로 변화에 변화를 거듭한 결과다. 문득 과거에 상상했던 오늘날의 음식이 떠오른다. 지금쯤 알약 하나로 하루 세 끼를 대신할 줄로만 알았는데, 당시의 미래지향적인 생각은 보기 좋게 빗나갔다. 과학기술이 무서운 속도로 나아가는 와중에도 우리는 그 어느 때보다 필사적

이고 열정적으로 음식을 먹는다. 먼 미래까지는 몰라도 당
분간의 먹방은 음식을 향한 우리의 애정 어린 집착을 양분
삼아 그 통통한 몸짓을 키울 요량인 듯싶다.

반사의
반사

××××××

×

우리는 왜 남의 반응을 보려고 하는가?

유튜브 영상을 카테고리별로 분류한다면 이제껏 가장 많이
축적된 영상은 과연 무엇일까? 『유튜브 컬처』를 집필한 유
튜브 트렌드 매니저인 케빈 알로카Kevin Allocca에 따르면,
'넥타이를 매는 법'이나 '겨울왕국 공주 케이크를 만드는
법'과 같은 '~하는 법how to~' 영상이 가장 많다고 한다. 새
로운 기계를 사거나 화장품을 사고 난 다음 어떻게 활용해
야 할지 난감할 때, 사람들은 제품과 함께 동봉된 설명서를

읽기보다는 유튜브를 찾아본다. 심지어 '친구를 사귀는 법'이나 '장례식에서 행동하는 법'과 같이 우리의 감정과 의례를 넘나드는 질문에 답하는 영상도 쉽게 눈에 띈다. 과거에 주변 사람들이나 직접적인 경험을 통해 알게 되었던 일들을 이제 유튜브가 알려주는 것이다.

'~하는 법' 영상만큼은 아니지만, 유튜브에서 적지 않은 분량을 차지하는 영상 중 하나가 리액션 비디오reaction video다. 리액션 비디오는 말 그대로 누군가의(때로는 동물의) 반응을 담은 영상을 뜻한다. 다시 말해 유튜브에서 일컫는 리액션 비디오는 대체로 '영상을 보고 있는 사람의 반응을 담은 영상'을 지칭한다. 여기서 리액션 비디오를 보는 시청자는 액자 구성의 소설을 읽듯이 리액션 비디오 속 등장인물이 보고 있는 영상과 그 인물의 반응을 연결지어 감상하게 된다.

리액션 비디오의 등장과 유행은 우리에게 몇 가지 생각해볼 만한 지점을 제시한다. 예컨대 리액션 비디오가 어떤 내용을 담고 있는지, 대체 리액션 비디오의 재미는 무엇인지, 최근 감지되는 리액션 비디오의 변화에는 무엇이 있는지 등에 대해 되짚어볼 수 있다. 그중에서도 '우리는 왜 남의 반응을 보려고 하는가? 라는 질문은 리액션 비디오를 생산하고 소비하는 동력을 이해하는 데 가장 좋은 출발이 될 것이다.

리액션 비디오라는 명칭을 달기 시작한 것은 유튜브가 등장한 이후의 일이지만, 그 이전에도 이런 종류의 영상은 존재했다. 그 대표적인 예로 일본 TV 방송의 정보 프로그램에서 주로 사용하는 '그림 속 그림picture in picture' 방식을 떠올릴 수 있다. 이 방식은 클립 영상에 대한 출연자들의 반응을 보여주기 위해 화면 구석에 작은 화면을 삽입한다. 즉, 시청자의 관점에서 방송의 클립 영상과 그에 대한 출연자들의 반응을 동시에 볼 수 있게 하는 것이다. 방송 영상에 대한 코멘트나 효과음과 같이 '그림 속 그림'이 시청자들의 시청 경험을 풍부하게 만든다는 믿음에서 출발한 방식인 셈이다.

다른 예로 특정한 상황에 대한 일반인의 행동 등을 담은 미국 방송의 '홈 비디오home video' 프로그램도 리액션 비디오의 원류라고 할 수 있다. '동물을 처음 본 아기'나 '웅덩이를 보지 못하고 점프하는 스케이트보더'와 같이 짧은 순간에 벌어지는 일들을 담고 있다. 홈 비디오에 대한 사람들의 반응을 직접적으로 볼 수는 없지만, 영상 속의 상황을 함께 보고 즐기는 것이 주가 된다는 점에서 오늘날의 리액션 비디오와 공통점을 갖는다.

　이와는 조금 다른 결을 지닌, 1990년대 한국의 버라이어티 프로그램이었던 MBC 〈몰래 카메라〉도 리액션 비디오와 공통분모가 있다. 곤란에 빠지는 상황을 사전에 치밀하게 계산한다는 점에서 차이가 있으나 내막을 전혀 모르는 출연자가 내뱉는 즉각적인 반응은 오늘날의 리액션 비디오와 묘하게 닮아 있다.

우월적인 시각에서 타인을 보다

현재 유튜브에서 소비되는 리액션 비디오의 종류를 거칠게 정리하자면 다음과 같이 나누어볼 수 있다. 하나의 큰 갈래로 가장 전통적인 의미의 리액션 비디오가 있다. 어떤 상황에 대한 사람의 직관적인 반응을 담은 영상이 바로 그것이다. 이 같은 리액션 비디오에서는 미국의 '홈 비디오'와 일본의 TV 방송 프로그램과 같이 웃음이나 탄성, 울음이나 비명 등의 짧지만 즉각적인 사람들의 반응을 보여준다.

시청자는 영상 안에서 무슨 일이 일어나는지 '전지적 시점'에서 관찰하면서 영상 안의 인물을 바라본다. 이를 보면 애니메이션 〈주먹왕 랄프 2〉에 등장하는 인물이 인터넷 시대를 두고 '다른 사람들이 고통을 받는(곤란에 처한) 영상을 가장 좋아한다'고 표현한 것이 결코 과장처럼 비치지 않는다. 그 상황에 처한 것은 내가 아니라 영상 속의 다른 누군가이기 때문에 영상을 보는 시청자인 나는 안도할 수도 여유를 가질 수도 있다. 전지적 시점에서 시청자는 리액션 비디오 속 인물과 충분히 거리두기가 가능해지는 것이다.

직관적인 반응을 담은 리액션 비디오는 2000년대 서구권에서 인기를 끌기 시작했다. 그중 가장 잘 알려진 사례는 '무서운 미로 게임Scary Maze Game'에 관한 리액션 비디오다. 이것은 사람들의 공포심을 관찰하려는 리액션 비디오로 다양한 사람에게 같은 영상을 보여주고 어떤 반응을 보이는지가 주된 내용이 된다.

〈스타워즈: 제국의 역습〉의 유명한 반전(다스 베이더가 루크 스카이워커를 향해 "내가 네 아버지다"라고 발설하는 부분)을 이미 알고 있는 시청자들이 그 사실을 아직 모르는 누군가가 발견했을 때 보이는 반응을 즐기는 것과 동일한 패턴을 보여준다. 이들 리액션 비디오는 나(시청자)에게는 익숙한 것이지만, 너(리액션 비디오 속 인물)에게는 그렇지 않은 것을 안전하게 바라보며, 약간은 우월적인 시각에서 타인을 관망하는 기분을 선사한다.

누군가는 '이런 바보 같은 영상이 왜 반복해서 생산되는지 모르겠다'고 말할 수도 있다. 그렇게 특별할 게 없는 영상으로 보이기 때문이다. 그렇지만 리액션 비디오가 무한으로 증식하는 데는 나름의 이유가 있다. 우선 모든 '바이럴 비디오viral video'가 그렇듯 리액션 비디오는 누구나 이해할 수 있는 내용을 담고 있다. 성인은 물론이고, 언어를 이해하지 못하는 어린아이까지도 리액션 비디오를 어렵지 않게 이해할 수 있다.

누군가 기존의 리액션 비디오와 비슷한 영상을 만들려고 하더라도 어려움은 크지 않다. '무서운 미로 게임' 사례처럼 이미 유행하는 리액션 비디오의 소재를 따라서 사용하기만 하면 된다. 소재는 동일하지만 그에 대한 사람들의 반응은 조금씩 다르기 때문에 매번 새로운 리액션 비디오는 생명력을 이어갈 수 있는 것이다.

어떤 면에서 직관적인 사람들의 반응을 담은 리액션 비디오가 인기를 끈 것은 이것이 가장 순수한 상태의 '리얼리티'를 보여주는 것처럼 비치기 때문이다. 한국뿐 아니라 전 세계는 〈빅브라더Big Brother〉와 같은 리얼리티 프로그램이 등장한 이후부터 지금까지 끝없는 '리얼리티'를 제공받았고, 그것을 기꺼이 소비하고 있다.

셀러브리티는 물론 일반인들까지도 서로 앞다투어 자신만의 '리얼한 삶'을 중계하는 것이 익숙해져버린 상황에서 무엇이 진정한 '리얼리티'이고 무엇이 아닌지 가늠하기도 어려워졌다. 그 가운데 리액션 비디오는 짧지만 강렬한, 무엇보다 대중이 보기에 '리얼한' 순간을 보여준다. 미리 짜인 각본도 연습도 없는 진정성 있는 순간으로, 요즘 말로 하자면 '쌩리얼'인 무언가가 담겨 있는 것이다.

이런 관점에서 볼 때, 리액션 비디오의 유행은 좀더 안전한 거리에서 현실의 진정성을 찾고자 하는 대중의 욕망과 맞닿아 있다. 리액션 비디오를 보고 있는 시청자가 리액션 비디오 안의 상황에 직접 처하거나 다른 사람과 그 상황을 같이 겪어야 하는 처지라면 이를 굳이 '리액션 비디오'로 감상하고 싶지는 않을 것이다. 그 상황 속의 경험이 진짜 자신의 것이자 날것의 존재이기 때문이다.

그러나 리액션 비디오의 시청자가 갖는 관점은 전혀 다르다. '리액션'을 본다는 것은 일반적으로 어둠으로 둘러싸인 관음을 조금은 밝은 곳으로 끌어온 것이다. 그렇기에 시청자는 가벼운 마음으로 '훔쳐보기'를 허락하게 된다. 또한 리액션 비디오에 대한 관심은 아이러니하게도 우리가 현재 발 딛고 있는 현실이 많은 거짓과 꾸밈으로 흐려질 수 있다는 가능성을 전제로 삼는다. 즉, 실제의 삶 안에서 말과 기억이 문명의 이기를 통해 얼마든지 조작될 수 있음을 알기에 거기에서 벗어났다고 보이는 리액션 비디오를 소비하는 것이다.

×

'타자의 눈'에 비친 나라는 존재

최근 몇 년 새 늘어난 리액션 비디오의 또 다른 갈래는 직관적인 반응 이상의 것을 다룬다. 이런 종류의 리액션 비디오는 특정한 경험에 대한 사람의 복합적인 반응을 담고 있다. 예를 들어 한국의 '막장 드라마'를 보여주며 그에 대한 외국인의 반응과 코멘트를 담고, 한국 과자를 먹어본 외국인의 경험을 내용으로 다룬다. 짧은 감탄사 위주의 반응을 주로 담았던 전통적인 리액션 비디오보다 한 걸음 더 나아가 영상 속의 인물에게 직접적인 경험을 제공하고 그에 대한 반응을 다양한 관점에서 다루려고 시도한다.

유튜버 '영국 남자'가 한국 음식과 대중문화 등을 소재로 삼아 외국인의 반응을 다루는 것이 대표적인 사례다. 매운 라면을 먹고 혀가 타는 듯한 반응을 보이거나 너구리 카페에 가서 한껏 들뜬 표정을 짓는 리액션 비디오에 대중은 열광적으로 반응한다.

한국 문화를 소재로 삼은 리액션 비디오를 향한 대중의 반응에는 외국인뿐 아니라 한국인의 반응도 상당수 섞여 있다. 소재에 따라서 외국인보다 한국인의 반응이 뜨거운 경우도 있다. 특히 낯선 한국 문화에도 친근함을 표시하며 스스럼없이 다가가는 외국인이 등장하는 경우, 한국인 시청자의 환호는 끊임없이 이어진다.

꿈틀거리는 산낙지의 오물거리는 모습을 보며 박장대소하고 한국의 치킨을 외국에도 수출해야 한다는 주장에 힘껏 박수를 보낸다. 한국인에게는 이미 익숙한 대상이지만,

외국인에게는 생소한 것들을 그들이 어떻게 받아들이는지 유심히 관찰한다.

전부에 걸쳐 적용되는 것은 아니지만, 적어도 이런 종류의 리액션 비디오가 대중의 마음을 움직이는 이유는 시청자의 정체성과 관련이 있다. 그러니까 내가 누구인지를 나와 다른 사람과의 비교를 통해 조금씩 깨닫게 된다는 말이다. 리액션 비디오에 등장하는 외국인이라는 타자의 존재를 통해 내가 속한 사회의 문화를 다시 보게 되는 것이다.

나아가 나라는 존재가 타자의 눈에 어떻게 비칠 수 있는지를 가늠하면서 자아를 가다듬게 만든다. 그렇게 리액션 비디오는 영상 속의 반응을 일방적으로 감상하는 행위 이상으로, 그 반응을 통해 시청자가 자신을 투영할 수 있는 기회를 제공한다.

물론 리액션 비디오가 항상 긍정적인 기능만 수행한다고 말하기는 어려울 것이다. 혹자는 한국 문화에 대한 외국인의 시선을 담은 리액션 비디오에 대한 열광을 두고 한국인 시청자가 나르시시즘에 빠졌다고 지적한다. 대부분 백인인 리액션 비디오 안의 외국인에 의해 인정받을 때, 한국인 시청자가 자신과 자문화를 한층 멋진 것으로 여긴다고 본다.

또 혹자는 이런 종류의 리액션 비디오가 '세련된 민족주의'의 옷을 입고 있다고 평가한다. 국가 주도의 선전 대신 민간 차원에서 접근을 했을 뿐, 결국 리액션 비디오의 핵심은 '내가 속한 내 문화가 이렇게 우수하다'고 으스대는 것과 다를 바 없다고 보는 시각이다.

리액션 비디오를 바라보는 사회병리학적 진단이 어떠하든 리액션 비디오가 오늘날의 대표적인 표현 양식 중 하나가 되었다는 것은 부정하기 어렵다. 동영상의 홍수 속에서 진정성을 경쟁하기 위해서든 타인의 눈을 통해 자신을 드러내고 싶어 하든 리액션 비디오는 세상에 존재했던 어떤 행위action를 기록하기 위한 몸부림re-action으로 기억될 것이다. 셀카가 '타인에게 보이는 나를 보는 것see me showing you'이라면, 리액션 비디오는 '세상을 바라보는 타인의 눈을 통해 나를 보는 것'쯤 되지 않을까?

유년 시절 친구에게서 놀림을 당할 때 '반사'라고 되돌려주던 놀이는 상대방에게서 다시 반사를 당하기 일쑤였다. 어쩌면 리액션 비디오는 그때의 반사와 크게 다르지 않을지 모른다. '반사의 반사'를 통해 나를 더 잘 볼 수 있다면, 세상을 좀더 헤아릴 수 있다면 그것으로 족하다. 나에게서 출발하지만 내 안에만 머물지 않고, 세상에 나아가 닿는 상호적인 신호로 리액션 비디오는 여전히 작동 중이다.

인성
게임

×××××

×

아이돌의 '인성짤'

아이돌과 관련해 검색을 하다 보면 소위 말하는 '인성짤'을 접할 때가 있다. 어렵지 않게 발견할 수 있는 아이돌의 '인성짤' 중에는 식사 시간에 자신의 밥을 챙기기보다는 다른 출연자들의 것을 먼저 챙기는 모습이 담겨 있다. 혹은 나이 많은 선배 가수가 자리에서 일어날 때 그보다 빨리 자리에서 일어나거나 멀리 있는 팬에게까지 먼저 다가가 사인을 해주는 풍경들이 포함된다. 물론 이러한 '인성짤'은 아이돌이 대중에게 칭송받는 인성을 가진 경우에 속한다.

반대로 아이돌이 누군가에게 짜증을 내거나 자신의 이익을 위해 상대를 희생시키는 상황이 알려졌을 때, 그 아이돌의 인성은 논란의 중심이 된다. 심할 경우 대부분 사람들은 해당 아이돌이 '덜된 인성'을 가졌기 때문에 대중의 사랑을 받을 자격이 없다는 주장을 하거나 그렇기 때문에 아이돌을 그만두어야 한다고도 말한다.

'인성짤'처럼 아이돌의 인성을 보여준다는 이런저런 이미지를 살펴보면 생각보다 인성에 대한 대중의 이해가 단순한 게 아님을 실감한다. 인성이라고 콕 집어 말하지 않더라도 매너나 배려, 예의 또는 선행이라고 부를 수 있을 만한 마음과 행동이 아이돌을 소비하는 세계에서는 모두 '인성'에 속하는 것이 되기 때문이다.

평소 누군가에 대한 품평을 할 때, 우리는 어렵지 않게 인성과 관련된 이야기를 하거나 듣는다. 그렇지만 인성을 어떻게 개념화할 것인지에 대한 문제는 그리 간단한 게 아니다. 개념적인 차원에서 인성은 사람다움, 인격, 품성, 성격, 기질 등으로 정의할 수 있다. 여러 학문 분과 안에서도 인성에 대한 관심은 주로 심리학과 철학에서 지속되어왔다.

심리학에서는 인성이 선천적으로 타고난 성격으로 간주한다. 이 타고난 성격을 우리가 성장하면서 어떻게 유지해 나가는지 지켜보는 것이다. 이와 달리 철학에서 인성은 타고난 것이라기보다는 후천적으로 만들어지는 것이라고 본다. 철학적 관점에서 인성은 개인이 여러 상황에서 만들어 가는 도덕적인 실천이라 할 수 있다.

오늘날 인성에 대한 이해는 인성을 바라보는 심리학적 입장과 철학적 입장 중 하나에 더 힘을 실어준다기보다 모두를 인정하고 있는 모양새다. 말하자면 인성의 일정 부분은 모든 사람이 타고나는 것으로 변치 않는 고정적인 성격을 지녔다고 생각하면서도 인성 중의 일정 부분은 사람이 살아가는 과정 중에 구체적으로 실천할 수 있는 습관과 같이 얼마든지 익힐 수 있는 것이라고 여긴다. 이처럼 언뜻 모순적인 측면을 지니고 있는 인성은 한편으로는 얼마든지 가르칠 수 있는 것이 되기도 하지만, 반복적으로 가르쳤음에도 어쩔 수 없는 영역으로 남을 수도 있다.

인성이 타고난 성질과 관계없이 얼마든지 가르칠 수 있는 것이라고 믿는다면 어떨까? 흔히 이야기하는 '인성 교육'도 바로 이와 같은 생각에서 출발한다고 할 수 있다. 선천적인 기질은 잠시 접어두고서라도 인성이 사람 됨됨이와 같이 각자가 '인간다움에 관한 가치판단'을 할 수 있는 기준이라고 한다면 인성은 얼마든지 가르칠 수 있는 것이 된다. 여기서 인성은 다시 두 가지 가능성을 갖는다. 하나의 가능성은 부모나 학교와 같이 다른 누군가에게서 인성을 배우는 것이다. 또 하나의 가능성은 개개인이 자신의 의지를 동원해 스스로 변화시키는 것이다.

이처럼 인성이 지향하는 바가 나의 밖에 있든 내 안에 있든 공통적으로 적용되는 가치가 있는데, 그것은 다름 아닌 도덕성이다. 도덕성을 다시 철학적 뿌리에서 찾는다면 동양의 '인仁'이자 서양의 '에토스ethos'라 할 수 있다.

아리스토텔레스나 막스 베버와 같은 서양의 사상가들은 도덕성, 즉 에토스에 대한 깊은 사유를 거듭한 끝에 에토스가 내재화와 관련이 있다고 보았다. 다시 말하자면 내재화는 일종의 습관과 같이 반복적인 행위를 통해 그것이 몸에 배도록 한 상태다. 에토스의 동양적 표현이라 할 수 있는 인에 대해 공자는 비슷한 이야기를 한다. 인은 인간다움을 깨우쳐 나가는 방식으로, 사람을 사랑하고 그것을 바탕으로 다른 이와 관계를 맺는 실천을 중요시한다.

인성의 근간이 된다고 할 수 있는 도덕성에 관한 동서양의 관점을 통해 결국 알 수 있는 것은 무엇일까? 그것은 다름 아니라 인성이 과정적인 특성을 지니고 있다는 사실이다. 인성이 일정한 과정을 갖는 것으로 본다면 새로운 시각이 열린다. 인성이 한 번 만들어지면 어쩔 수 없는 것이라기보다 얼마든지 변화할 수 있는 게 된다.

그렇다면 인성이 구성되는 수많은 과정과 변화는 어디서부터 비롯될 수 있을까? 하나의 가능성은 거시적인 차원에서 인성이 사회나 시대에 따라 변할 수 있다는 데 있다. 다른 가능성은 그보다 미시적인 차원에서 사람마다 처한 개인적인 조건에 따라 인성이 다르게 변화할 수 있다고 보는 것이다. 여기서 우리는 인성이 역사성을 띠는 동시에 개별성도 띨 수 있음을 알게 된다.

인성의 역사적인 맥락과 개별적인 맥락은 서로 연관성이 없는 별개의 것으로 비친다. 하지만 역사적인 맥락에서의 인성이 개별적인 맥락에서의 인성에 영향을 줄 수도 있고, 반대로 개별적인 맥락에서의 인성이 역사적인 맥락에서의 인성에 영향을 끼칠 수도 있다. 이때, 역사적인 맥락을 지닌 인성과 개별적인 맥락을 지닌 인성이 만날 수 있도록 만들어주는 게 상상과 공감이다.

상상은 현재 이곳에 살고 있지만 지금 여기와 다른 시공간, 그리고 그 안에서 살아가는 존재를 이해하는 능력이다. 공감은 우리 모두 나 자신으로 살고 있지만, 나를 잠시 지우고 내가 아닌 타인의 관점에 들어가 보는 능력이라 할 수 있다. 독일어로 상상Einbildung과 공감Einfühlung이란 단어에는 공통적으로 'Ein'이라는 '(어딘가로) 들어간다'는 뜻의 접두어가 붙는다. 이처럼 지금의 상태에서 벗어나 다른 무언가로 '들어가는' 상상과 공감의 경험을 통해 세상에 대한 더 넓은 이해를 구하는 것이 바로 인성이 추구하는 이상향이라 볼 수 있다.

우리는 인성에 대한 여러 가지의 시각이 존재하고 있음을 알 수 있는데, 이는 다르게 보자면 인간다움에 대한 시각이 우리가 살고 있는 사회와 시대에 따라 바뀔 수 있음을 의미한다. 그뿐만 아니라, 개개인의 가치관에 따라서도 인간다움을 판단하는 기준이 다를 수 있음을 뜻한다. 그렇다면 아이돌을 바라보는 데 이와 같은 특성을 가진 인성이 언급되는 이유는 무엇일까? 그리고 암암리에 아이돌의 인성을 본다는 것은 무엇을 의미하는 것일까?

아이돌의 '인성짤'이 유통되는 상황에서도 알 수 있듯이 아이돌과 같은 스타의 삶은 더는 아이돌 개인에게만 속한 것이 아니게 되었다. 흔히 아이돌을 빗대어 '공인公人'이라 표현하는데, 문제는 우리 사회가 '공인' 개념을 지나치게 가변적으로 적용한다는 데 있다. 일례로 공인으로서 아이돌을 사사화私事化, 즉 사적인 존재인 것처럼 만드는 경향을 언급할 수 있다. 공인을 사사화해 소비하는 것은 그 자체로 모순된 면이 있다. 공적인 성질과 사적인 성질이 서로 충돌하기 때문이다.

공인으로서 아이돌이 사회 전체의 차원에서 대중에게 즐거움을 주기 위해 복무하는 존재라고 한다면, 무대와 같은 공적인 영역에서 퍼포먼스 등의 공적인 행위를 어떻게 이행하는지에 대해서만 주목하면 된다. 그러나 아이돌을 공인으로 정의하면서도 대중의 눈은 아이돌의 사적인 영역과 행위로 향한다. 이때 아이돌은 아이러니하게도 대중의 사사로운 영역에 포섭된 사적인 존재로 변하게 된다. 대중이 사적인 존재(로 변한 아이돌)의 사적인 영역을 살피는 것에 면죄부가 주어지는 것은 물론이다.

아이돌을 사적인 존재로 만들어 소비하는 데는 미디어의 역할이 컸다. 조지 오웰George Orwell이 예견한 '빅브라더'가 각종 미디어로 현실화한 셈이다. 대중은 아이돌이 미디어를 통해 지금보다 많은 부분을 보여주길 원하고, 아이돌도 미디어를 통해 자신의 일거수일투족을 보여주며 대중과의 '소통'을 최우선으로 삼는다. 하지만 미디어를 통한 이미지의 생산에는 불가피하게 판타지가 개입하게 된다.

인성의 문제도 한 번 미디어에 투영되고 나면 아이돌의 '실제 인성'이 어떤지는 중요하지 않게 된다(냉정하게 말해 미디어를 통해 소비되는 존재인 아이돌의 실제 모습이 어떤지 안다는 것이 불가능하기도 하다). 그보다 결과적으로 '보이는 인성'이 곧 '실제 인성'을 대신해 대중이 판단의 근거로 삼는 실질적인 인성으로 자리매김하는 것이다.

미디어에서 보이는 부분을 통해 아이돌의 인성을 가늠할 때 발생하는 문제는 아이돌의 모습 중 특정 부분이 부각되거나 실제와는 다른 방식으로 왜곡될 여지가 생긴다는 점이다. 대중도 이러한 미디어의 속성을 인지하고 있지만, 종종 이 사실을 외면한다. 이처럼 아이돌을 복합적인 관점에서 접근하면 할수록 대중이 소비하는 아이돌의 이미지는 현실에서 멀어진다. 아이돌을 지켜보는 복수의 눈에 의해 아이돌은 이들의 실재에서 점점 더 밀려나는 것이다. 결국 아이돌은 대중에게 전적인 실재라기보다 어쩔 수 없이 가공의 외피가 덧입혀진 판타지적 존재가 되고 만다.

인성에 대한 이중성

이런 관점에서 아이돌의 인성을 논하는 대중의 눈은 아이돌을 현실이란 게임 속에서 성장하는 캐릭터로 여기는 듯하다. 특히 대부분의 아이돌이 10대에서 20대 초반의 나이에 데뷔하기 때문에 '어린' 아이돌을 '성장'시킨다는 대중의 관점이 성립할 가능성이 높다. 아이돌의 성장을 바라보면서도 성장에 직간접적으로 개입하길 원하는 대중의 시선은 복잡한 양상을 띤다. 아이돌을 관리하는 매니저의 관점에서 아이돌이 성공하길 바라면서도 같은 현실을 살아가는 동시대인으로서 아이돌이 치열한 생존경쟁에서 살아남길 응원한다.

　다른 한편으로 아이돌이라는 상품을 구매하는 소비자로서는 아이돌을 채찍질하기도 한다. 즉, 대중은 스타로서 아이돌이 '꽃길만 걷기'를 열망하면서도 동시에 '평범하게 살고 싶으면 통장도 평범하라'며 아이돌에게 대중의 인기에 부합하는 무게감을 갖도록 요구한다. 아이돌을 바라보며 대중은 자기 투영과 질시가 교차하는 순간을 반복적으로 경험하게 되는 것이다.

　대중이 아이돌을 향해 모순된 감정을 갖게 되는 것은 어찌 보면 당연한 일이다. 아이돌의 가장 큰 과제는 대중의 마음을 사로잡는 것인데, 대중은 자신의 마음을 빼앗은 아이돌을 끊임없이 시험할 수밖에 없다. 그리고 그 시험에는 아이돌이 어떤 인성을 갖고 있는지를 살펴보는 과정도 포함된다. 이때 아이돌의 인성에 대해 낙관할 수 있는 증거가 많을수록 대중은 자신의 마음이 올바른 선택을 했다고 믿을 수 있다. 아이돌의 인성에 대한 확인이 담보될 때, 자신을 포함한 보통 사람들과는 차별되는 '스타'로서 아이돌을 인정할 수 있는 것이다.

　그러나 인성의 잣대로 아이돌을 재단하는 과정에서 우

리는 몇 가지 딜레마에 봉착하게 된다. 우선 인성을 타고난 고정불변한 것으로 볼 것인지 아니면 후천적으로 생겨나는 변화 가능한 것으로 볼 것인지의 문제가 있다. 대중은 아이돌이 이미 마음을 사로잡을 수 있는 인성을 가진 존재이길 원하면서도 혹여 아이돌이 불완전한 인성을 가졌더라도 얼마든지 성장할 수 있는 잠재적 존재라고 여긴다. 따라서 아이돌의 인성과 관련된 상황이 어떻게 펼쳐지는지에 따라 얼마든지 상반되는 시각을 동시에 견지할 수 있는 것이다.

또한 아이돌의 인성에 대한 대중의 유연한 해석은 정도가 지나칠 수 있다는 위험성을 내포한다. 어떤 상황에서는 인성을 굉장히 좁은 범위에서 다루다가 다른 상황에서는 인성의 범주를 넓게 바라보면 인성 자체에 대한 정의 기준이 흔들릴 수 있기 때문이다. 그 결과 인성이라고 보기 어려운 부분에 대해서까지도 인성과 관련된 것으로 과잉 해석하는 사례가 발생할 수도 있다.

비단 아이돌에 대해 이야기할 때가 아니더라도 우리는 일상에서 타인의 인성을 논하거나 타인이 우리의 인성에 대해 어떻게 평가하는지 귀 기울이기도 한다. 인성을 통해 우리 스스로 사회가 정한 인성의 기준점을 따라 수렴하고 있는지, 그리하여 각자가 어떤 사회적 존재로 자리 잡고 있는지를 확인하고자 하는 것이다. 하물며 사회적 평판이 중요한 아이돌의 인성이 집요한 관심의 대상이 되는 것은 당연해 보이기도 한다.

그렇지만 아이돌의 인성에 대한 지나친 강조는 자못 비현실적으로 비친다. 오늘날의 현실에서 인간의 쓸모를 평가할 때, 잠재력이나 경험치와 같이 인성보다 중요하게 여겨지는 가치가 훨씬 많기 때문이다. 아이돌의 문제에서만큼은 현실과 달리 인성을 인간이 가진 최고의 가치로 여기고자 하는 대중의 마음을 어떻게 헤아려야 할까? 오히려 인성이라는, 현실의 생존에서 크게 드러나지는 않고 깊이를 쌓기도 어려운 이상을 향한 열망의 그늘로 보아야 할까? 영영 다가오지 않을 이상의 세계에서 아이돌은 말馬이 되어 우리 대신 거대한 인성 게임을 치르고 있는지도 모르겠다.

호모
無노동

××××××

×

힘 빼지 않고 적당히 일하는 법

2016년 3월, 이세돌 9단과 인공지능 바둑 프로그램인 알파
고의 대국이 모두 끝난 후 한국뿐 아니라 전 세계는 한동안
모호한 감정에 휩싸여 있었다. 다섯 번의 대국에서 인간이
전패하지 않고 한 번의 승리를 쟁취할 수 있었다는 안도감,
어쩌면 다음번에는 더 좋은 결과를 얻을 수도 있다는 희망,
인공지능을 잘 사용하기만 하면 인간의 삶이 더 편해질지
도 모른다는 기대가 한편에 자리했다.

이에 맞서 다른 편에는 인간이 더 선전할 것으로 내다보았지만 그 예상이 빗나갔다는 실망감과 아마도 인공지능과 대결해 이기는 것은 이번이 마지막일지 모른다는 불안, 인공지능이 우리의 능력을 뛰어넘어 모든 것을 지배할 수 있다는 상상이 꿈틀댔다.

알파고가 과연 무엇이었는지, 그것이 인간의 삶에 어떤 영향을 줄지에 대해 우리는 쉽사리 결론을 내지 못했다. 그저 중간에 서서 복잡한 감정을 견디다 못한 우리의 사고는 '알파고도 결국 사람이 만들어낸 것이니 걱정 없다'는 빈곤한 최면을 반복할 뿐이었다. 그러나 그것도 잠시 '알파고 쇼크'라 해도 좋을 모종의 시기가 지나고 난 후 남다른 교육열을 반영한 어젠다가 한국 사회를 지배했다. 그건 다름 아닌 바둑 열풍이었다.

상징적으로나마 인공지능을 '이긴' 인간이 직업으로 삼았던 것도 바둑이요 이런 인공지능을 '만든' 인간이 직업만큼이나 매달렸던 것도 바둑이었으니 아이들에게 바둑을 권하지 않을 이유가 없었다. 또한 바둑과의 관계가 입증된 바는 아니지만, 알파고를 계기로 더욱 필수적인 자질로 부상한 프로그래밍 능력에서 조금이나마 도움이 될 수 있지 않을까 하는 생각이 대중의 눈을 바둑으로 돌리게 만들었다.

이런 모습에서 발견한 우리 사회의 문화적 관습은 촉망받을 것으로 기대되는 직업 형태를 끊임없이 만들어낸다는 점이다. 인간의 일이 점차 줄어들고 있는 상황이라 할지라도 후대가 사회적 · 경제적인 삶을 영위할 수 있도록 돕는 직업군을 선별해낸다. 직업명과 직업에 관한 낙관적 전망이 있을 뿐, 직업을 통해 수행하는 일의 의미를 부여하는 데는 취약하지만 말이다.

유튜버나 아이돌, 때때로 직업이라 부르기 모호한 건물주를 장래 희망으로 적어내는 아이들의 생각은 아이가 '바둑을 취미로 두는 프로그래머'가 되었으면 하는 어른들의 생각과 달라 보인다. 그러나 이것이 일을 통해 얻는 보람이나 성취감을 고려치 않고 직업의 외적 인기도 때문에 내린 선택이라고 한다면, 직업명이 다를 뿐 일을 바라보는 시각의 본질은 아이와 어른이 서로 비슷하다고 할 수 있다.

이런 상황을 비추어보았을 때, 출판계의 일변도는 조금 의아한 구석이 있다. 지금 출판계에서 지속적으로 인기를 얻고 있는 책들의 공통점은 아마도 어린 시절 어떤 일을 할 것이라고 자신했을 지금의 젊은 독자들에게 어떻게 하면

일에서 벗어날 수 있는지를 알려준다는 데 있다. 젊은 층의 호응을 얻는 이 책들은 '백수로 살아남는 요령'을 전수하거나 되도록 '힘 빼지 않고 적당히 일하는 법'을 가르쳐준다. 일하고 있지 않은 누군가와 일을 하고 있지만 일하고 싶지 않은 누군가에게 그래도 괜찮다고 말해주는, 과거에는 없던 낯선 분위기를 만들어낸다.

노동과 여가가 분리된 삶

어린아이들은 대중의 인기를 얻어 돈을 많이 벌 수 있는 일을 갖고자 하고, 그보다 조금 더 나이가 많은 청년들은 일 자체에 대해 흥미를 잃은 이 상황을 어떻게 보아야 할까? 대체 우리는 어떤 시대를 살아가고 있기에 일에 관한 이 같은 온도차가 존재하는 것일까? 이런 시점에서 일에 관한 근원적인 질문은 어떠해야 할까? 우리는 과연 무엇을 고민해야 할까?

이 시대의 노동이 당면한 문제는 크게 두 가지로 나누어 볼 수 있다. 하나는 인간이 점점 더 일을 하고 싶어 하지 않는다는 점이고, 또 하나는 실제 인간이 할 수 있는 일이 점차 줄어들고 있다는 점이다. 두 지점은 서로 맞닿아 있다고 할 수도 있는데, 우선 이를 별개의 것으로 나누어 살펴볼 필요가 있다.

누군가 '일을 하고 싶지 않다'라고 했을 때, 특히 발화자가 젊은 층에 속할 때 그 마음은 종종 세대의 특성으로 치부되기도 한다. 일을 바라보는 관점과 관련해 중국의 기성세대는 요즘 중국 청년들이 '욕망이 없다'고 타박하고 일본의 기성세대는 현재에 집중하고자 하는 '사토리 세대'를 못마땅해한다. 치열한 경쟁으로 학창 시절을 보낸 한국의 청년들이 '경쟁이 싫어 백수를 선택했다'고 할 때, 기성세대는 그것은 '현실도피일 뿐'이라고 단정 짓는다.

하지만 일에 대해 조금 다른 생각을 가졌다는 것만으로 특정 세대가 문제라고 할 수 있을까? 양극화가 심화되고 고용 없는 성장이 지속되는 조건하에서 일에 대한 피로감과 무상함을 느끼는 이들의 반응을 오히려 자연스러운 것으로 볼 수 있지 않을까?

실제 노동이 의미했던 바를 역사적으로 살펴본다면 '일을 하고 싶지 않다'는 마음이 단순히 치기 어린 투정이 아님을 알 수 있다. 노동은 시대와 사회의 조건에 따라 조금씩 다른 의미를 지녔는데, 크게 노동을 인간에게 부정적이라고 보는 입장과 긍정적이라고 보는 입장으로 나누어볼 수 있다.

전자의 시각에서는 노동을 고통스러운 것으로 바라본다. 노동이 인간을 본성에서 멀어지게끔 만든다고 여기기 때문에 노동이 사라지는 것을 이상적으로 여긴다. 반대로 후자의 시각은 인간이 본성을 구성하는 데 노동이 반드시 필요하다고 본다. 노동은 그 자체로 신성한 의미를 지니며 인간이 존재하는 가치를 인정받는 데 노동이 필수적인 역할을 하는 것으로 간주한다.

특히 서양의 역사에서 노동의 의미는 그것을 부정적으로 바라보는 시각과 긍정적으로 바라보는 시각 사이를 오가며 조금씩 변화해나갔다. 일례로 노예 제도를 기반으로 형성된 고대 그리스에서는 노동이 가치가 없는 고통과 같은 의미였지만, 종교개혁 이후에는 노동을 통한 자기 생활의 영위가 곧 신이 부여한 소명에 응답하는 신성한 행위로 받아들여졌다. 자본주의가 정착한 이래 노동을 종교적 신념과 결부 짓는 대신 인간의 자아를 실현하는 데 주요한 요소로 보는 시각이 대두되었고, 그 영향력은 아직까지도 지속되고 있다.

되도록 일을 하지 않는 삶이 이상적이라고 여겼던 인물 중 대표적인 사람은 아리스토텔레스다. 그는 '온전한 삶이란 노동과 여가가 분리된 삶'이라고 말하며 인간이 일을 하는 이유가 '여가를 얻기 위함'이라고 보았다. 최근 회자되고 있는 '워라밸work and life balance'이 어쩌면 여기에 기인하는 사고일지 모른다. 프랑스 철학자인 장 그르니에Jean Grenier도 사회가 개인에게 요구하는 노동의 강제성이 잔혹하다고 평하며, 가끔 병가로 일을 하지 않아도 되는 상황이 일상의 '피난처' 역할을 한다고 해석했다.

이런 맥락에서 일을 하고 싶어 하지 않는 사람의 마음은 오늘날 갑자기 등장한 것이라기보다 노동을 바라보는 오래된 입장 중 하나임을 알 수 있다. 다만 문제는 왜 지금 그 입장이 더 설득력을 갖게 되었느냐에 있다.

일할 수 없는, 일하고 싶지 않은 시대

사회 전반에 걸쳐 일을 하고 싶지 않은 사람들의 마음이 커지는 데는 여러 이유가 있을 것이다. 한 가지 분명한 것은 인간이 갑자기 게을러졌다고 한탄할 일이 아니라는 사실이다. 그보다 인간의 존엄성과 노동 간의 관계에 대한 시각이 변화했기 때문에 이와 같은 현상이 벌어진다고 할 수 있다.

'워라밸'을 다시 생각해보자. '여가'는 고대부터 노동과 상반되는 개념으로 각광받아왔다. 그렇기에 쉼이 있는 생활을 강조하는 '워라밸'이 그다지 새로울 것 없는 개념이라고 여길 수도 있다. 하지만 개인의 노동이 온전히 개인에게 귀속될 수 있는 성격의 것이 아니라고 한다면 어떨까?

말하자면 각자의 노동이 회사라는 조직과 직장 동료라는 인간관계와 깊이 연루되어 있는 환경에서라면 오늘날의 '워라밸'은 고대 그리스의 '워라밸'과는 또 다른 의미를 얻게 된다. 더군다나 한국처럼 집단주의적 사고가 발달한 사회에서 '나의 노동'은 종종 '우리의 노동'으로 치환되어 개인이 받는 노동의 무게가 더욱 무겁게 느껴지는 게 사실이다.

　노동의 종류가 한정적이고, 노동의 환경도 크게 차이가 나지 않았던 시대에 특권층을 제외한 대부분 사람들에게 노동은 유사한 의미를 지녔다. 또한 과거에는 요즘과 같이 노동하지 않는 삶을 상상하거나 노동 없는 삶을 선택지에 놓는 발상이 존재하기조차 어려웠다. 산업화를 거듭하며 성장주의의 기치 아래 노동은 여전히 존재의 바탕이자 자신을 성장시키는 동력으로 자리잡아왔다.

　그러나 후기산업사회가 쇠퇴기에 접어들면서 제조업은 물론 서비스업에서조차 일자리가 줄어들고, 환경적으로 노동할 기회를 잡기 어려운 시기에 접어들었다. 이와 맞물려 생산하는 것보다는 소비하는 것에 큰 의미가 부여되면서 노동 자체를 신성시해왔던 분위기도 한층 약화되었다. 일을 함으로써 자신을 증명하기보다 무언가를 소비함으로써 존재를 드러내고 인정받을 수 있다는 인식이 확산된 것이다.

　물론 인간이 자신의 존엄을 지키며 살아가는 데 노동이 필수적인 역할을 한다고 보는 시각은 시대와 환경을 뛰어넘어 보편성을 가질 수 있다. 다만 여기서 조금 더 구체적으로 질문해야 할 것은 그것이 어떤 종류의 노동이냐는 점이다. 오늘날에는 단순히 일을 하고 있는지가 중요한 것이라기보다 어떤 일을 하고 있는지, 그것이 자신에게 어떤 의미를 지니는지가 일의 가치를 결정하게 된다.

안타깝게도 지금의 사회 분위기는 젊은 구직자들에게 스스로 일의 의미를 찾아갈 수 있도록 독려하지 않는다. 아니, 어떤 의미에선 그러지 못하고 있다. 일본 정부는 2005년부터 청년 취업과 관련된 조사를 진행하면서 일할 수 없는 상태에 있는 이들을 '청년 무업자'로 정의했다. 이를 토대로 일부 전문가들은 일본이 "누구나 무업 상태가 될 가능성이 높음에도 불구하고, 무업 상태에 처하게 되면 그로부터 빠져나오기 힘든" 무업 사회가 되었다고 진단했다.

한국의 한 대학 졸업식에서도 "대학 나오면 뭐하나, 백순데……"라는 자조 섞인 플래카드가 붙어 화제가 된 적이 있다. 우리 사회도 일본의 무업 사회와 유사한 맥락에서 일하고 싶어도 일할 수 없고, 일을 시작했다 하더라도 고용 불안정 등으로 지속적으로 일할 수 없는 상태에 처해 있다고 볼 수 있다.

경제 저성장과 함께 '알파고'같이 인간보다 뛰어난 존재와 살아가야 하는 지금의 상황은 인간의 노동 조건에서 두 가지의 적신호를 보낸다. 하나는 인간보다 뛰어난 존재와 경쟁해야 하는 위험이고, 또 하나는 인간보다 뛰어난 존재로 인해 인간끼리의 경쟁이 더욱 치열해졌다는 부담감이다. 일을 하고 싶어도 일할 수 없는 노동 환경의 악화와 이와 같은 열악한 조건 안에서 부딪히다 못해 탈출하고자 하는 시도는 결국 별개의 것이 아닌 맞닿아 있는 것이 된다.

낙관보다는 비관이 쉬워 보이는 상황임이 틀림없다. 그래도 전통적인 의미의 노동에서 탈주를 받아들이는 동시에 인간의 노동에 새로운 의미를 적극적으로 만들어간다면 어떨까? 노동의 다양성을 존중하고, 노동의 의미를 유연하게 확장한다면 근대의 노동 개념으로만 현대를 살아가는 것보다는 덜 엇나가지 않을까? 물론 노동의 다양성을 십분 인정하더라도 인간의 노동 자체가 갖는 의미가 옅어질 수도 있다. 그런 와중에도 인간이 무엇을 위해 어떻게 살아가야 하는지에 대한 물음이 그쳐서는 안 될 것이다. 일할 수 없는, 일하고 싶지 않은 시대이기에 더욱더 그렇다.

4장

×

랜선
혹은
라이프

아무래도
인간은 곤란합니다

✕✕✕✕✕✕

✕

거리감을 가져주세요

장면 1 2015년에 방송된 일본 드라마 〈문제 있는 레스토랑〉의 아메키 지카는 극중에서 사람과 직접 대면하는 것을 극도로 싫어하는 20세의 프리터freeter다. 첫 등장에서부터 그녀는 마스크로 입을 가린 채 사람들과 멀리 떨어진 곳에 자리 잡는다. 말을 걸기 위해 다가가는 사람들을 향해 지카는 손을 뻗어 다가오지 말라는 표시를 하면서도 정작 자신은 어떤 말도 하지 않는다. 그 대신 그녀의 휴대전화에서 차가운 기계 음성이 흘러나올 뿐이다. "사람이 싫기 때문입니다. 거리감을 가져주세요."

장면 2 스파이크 존즈Spike Jonze의 영화 〈그녀Her〉에는 사만다라는 이름을 가진 운영체제OS와 사랑에 빠진 주인공 테오도르가 등장한다. 그는 사람들을 대신해 마음을 전하는 카드나 편지를 써주는 일을 하며 일 때문에 자신의 감정을 이미 다 써버린 것 같다고 탄식하던 인물이다. 테오도르는 사만다와 주로 음성을 통해 소통할 뿐이지만, 사만다의 인지능력은 음성적 한계를 가뿐히 뛰어넘어 테오도르의 마음속 깊은 곳에 다다른다. 자신의 인생에서 가장 사랑하는 상대를 만났다고 확신하는 테오도르를 향해 그의 전처는 날이 선 한마디를 던진다. "당신은 진짜 감정을 감당할 용기가 없어."

장면 3 2018년 상반기를 기준으로 전 세계 다운로드 400만 건을 돌파한 체리츠의 모바일 게임 '수상한 메신저'는 게임 속 캐릭터와 이용자가 대화를 나누는 방식으로 스토리를 전개한다. 5명의 캐릭터와 이용자가 감정 관계를 만들어가는 것이 게임의 주된 내용인 만큼 실제로 연애 상대와 실시간으로 인스턴트 메시지를 주고받거나 게임 캐릭터가 이용자에게 전화를 걸어 매번 다른 내용의 대화를 나눈다. 이 같은 장치 덕분에 이용자는 게임에 몰두하는 것을 넘어 대인기피증이나 우울증 등 현실에서 마주쳐야 하는 자신의 문제를 극복하기도 한다.

군이 알파고와 이세돌의 대국을 상기하거나 '로봇이 인류의 일자리를 위협한다'는 식의 기사를 접하지 않더라도 우리가 매일 기계와 대화하고 있다는 사실은 자명하다. 이제 기계는 직접 나사를 조여주고 기름칠을 해주기 전까지 인간의 손길을 애타게 기다리고 있는 무생물이라기보다 인간을 대신해 말을 해주고 인간과 유사한 인격을 지닌 것으로 여겨질 정도의 생물에 가깝다. 하루하루 진일보하는 기계의 면모를 온몸으로 경험하는 요즘만큼 기계의 지능이 인간의 지능을 뛰어넘는 시점, 즉 특이점singularity이 곧 도래할 것이라는 미국의 과학자 레이 커즈와일Ray Kurzweil의 예언이 설득력 있게 들린 적이 없다.

기계가 인간의 일상에 침투하기 시작하면서, 아니 인간이 기계를 일상에 들이기 시작하면서 일어난 여러 가지 변화가 있지만, 그 가운데서도 가장 극적인 변화를 보여준 것이 바로 커뮤니케이션의 변화다. 인간이 서로 얼굴을 마주

하는 면대면 커뮤니케이션이 전부였던 시기에 등장한 도구
(기계)는 인간 사이에 존재하는 물리적 거리를 점차 좁혀주
었다. 편지에서 전화로, 전화에서 이메일과 채팅으로 우리
가 어느 곳에 있든 커뮤니케이션하는 대상이 우리 옆에 있
는 것처럼 느껴지게 되었다.

그리고 오늘날에 이르러 인간은 인간-인간 커뮤니케이
션, 인간-기계 커뮤니케이션을 넘어 사물인터넷과 인공지
능 기술로 현실화되고 있는 기계-기계 커뮤니케이션까지
가능하게 만들었다. 2017년 인공지능 기술을 적용해 만들
어진 페이스북의 챗봇chatbot 간에 인간이 이해할 수 없는 방
식으로 커뮤니케이션이 이루어져 페이스북 측이 이를 강제
종료한 것은 기계 커뮤니케이션의 현재를 보여준 사건이라
할 수 있다. 물론 이 서늘한 현재를 만들어낸 데는 인간이
일조한 부분이 상당하다.

인터넷 로맨스가 이상적인 이유

애플의 시리Siri나 아마존 에코의 알렉사Alexa와 같은 인공지

능 음성 서비스가 등장하기 훨씬 이전인 1970년대에도 인 공지능 서비스와 같이 인간에게 지능적으로 반응하는 기계 에 대한 열망이 존재했다. 이와 관련해 미국 심리학자인 셰 리 터클Sherry Turkle은 『외로워지는 사람들』에서 1970년대 MIT에서 엘리자ELIZA란 이름의 컴퓨터 프로그램을 접했던 일화를 소개한다.

당시의 엘리자는 현재의 인공지능 프로그램이 구현하는 수준에 훨씬 못 미치는 아주 단순한 프로그램에 불과했다. 사람에 의해 입력된 평서문을 의문문으로 바꾸는 정도의 수행력을 가졌을 뿐이다.

하지만 엘리자와 매일 대면하며 간단한 문장을 입력해 야 했던 MIT의 학생들은 시간이 지나면서 자연스럽게 엘 리자에게 자신의 이야기를 하기 시작했다. 엘리자가 인간 사회의 모든 문제를 이해할 수 있다고 가정하고, 자신이 친 구 또는 가족과 겪고 있는 문제를 모두 털어놓은 것이다.

그렇다고 엘리자가 학생들이 겪고 있는 실질적인 문제 에 대해 구체적인 답을 내놓은 것은 아니다. 고민을 털어놓 는 학생들에 대한 엘리자의 반응은 기초적인 수준을 넘지 못했지만, 학생들은 엘리자를 인격을 갖춘 대화 상대로 여기기 시작했다.

　셰리 터클은 이와 같은 현상을 인간이 기계와 맺은 일종의 공모 관계라고 여기고 '엘리자 효과ELIZA effect'라 이름 지었다. 여기서 엘리자 효과란 기계(엘리자)의 성질을 충분히 이해하고도 인간이, 인간이 될 수 없는 기계의 부족함을 채워주기 위해 능동적으로 행동함을 지칭한다.

　정도의 차이는 있겠지만, 1970년대 이후 한국 사회도 엘리자 효과를 꾸준히 경험해왔다고 볼 수 있다. 1990년대 후반에 일었던 '다마고치 열풍'이나 2000년대 초반에 등장한 '심심이', 최근 점차 대중화되고 있는 인공지능 서비스와 로봇이 바로 그 예다. 기계가 인간의 목소리를 흉내내고, 인간의 대화 방식을 답습함으로써 고유한 이름을 획득한 것만으로도 기계는 자신의 존재를 우리에게 확인시켰다.

　이에 상응해 인간은 기계를 매개로 한 가상의 상대가 애완동물, 채팅 상대, 비서 등 다양한 모습으로 다가올 때마다 기꺼이 그 대상에 우리와 같은 인격을 부여해왔다. 비록 다마고치를 직접 만질 수 없고, 심심이의 진짜 얼굴을 알지 못하지만 우리는 그 한계를 기꺼이 받아들이고 기계를 인간의 관점에서 이해하려고 한 것이다. 이를 두고 기계와의 커뮤니케이션으로 인해 인간이 과대망상에 빠진 게 아닐까 우려할 수도 있지만, 다른 한편으로 인간 사고의 유연성을 보여주는 사례로 해석할 수도 있다.

이와 같은 기계-인간 커뮤니케이션의 심화는 두 가지 특징을 동반한다. 우선 커뮤니케이션의 대상이 탈육체화되는 경향을 언급할 수 있다. 기계-인간 커뮤니케이션 이전 시기의 인간에게 커뮤니케이션 대상이란 기본적으로 물리적인 육체를 지닌 존재였다. 따라서 우리가 커뮤니케이션하고자 하는 대상을 직접 만나거나 우리 대신 만나는 사람을 보내는 방식으로 소통할 수밖에 없었다.

그러나 오늘날 인간의 커뮤니케이션 대상은 반드시 육체화된 형태로 존재하지 않아도 된다. 일례로 사회학자인 에바 일루즈Eva Illouz는 인터넷상의 로맨스가 현실의 그것보다 이상적일 수 있는 이유가 바로 탈육체화에 있다고 보았다.

에바 일루즈에 따르면 사람들은 인터넷에서 현실의 육체를 지워버림으로써 아이러니하게도 자신의 진정한 자아를 온전히 표현할 수 있다고 여기고 있었다. 물리적 육체를 벗어나 자아를 표출한다는 사실이 낯설게 들릴 수도 있지만, 현재 우리의 상황을 들여다보면 충분히 이해가 가는 대목이기도 하다. 오프라인에서 우리는 우리가 사용하는 언어와 생김새와 의례 등 보이는 것에 의해 타인의 눈 아래에 서게 된다. 그러다 보면 타인의 눈에 거슬리지 않기 위해 하고 싶지 않은 말을 하거나 하지 않아도 될 행동을 할 때가 생긴다.

이와 같이 말하고 행동할 수밖에 없는 이유가 결국 오프라인에 존재하는 육체 때문이라면, 즉 나답지 않은 부분들을 껴안아야 하는 이유가 물리적 육체 때문이라면 이를 과감히 생략 또는 대체하는 것으로서 나라는 진정한 자아를 찾을 수도 있지 않을까?

이처럼 컴퓨터와 인터넷이라는 기계를 통한, 탈육체화된 커뮤니케이션의 이상적인 측면을 경험한 현대인은 대면하는 커뮤니케이션 대상의 물리적 특성을 크게 따지지 않게 되었다. 커뮤니케이션의 대상이 반드시 인간일 필요가 없다는 마음, 나아가 차라리 인간이 아니었으면 하는 마음까지도 생겨난 셈이다.

×
기계적 마음의 시대

기계-인간 커뮤니케이션의 심화가 불러온 두 번째 변화는 상호작용성interactivity의 이면에 있다. 인간-인간 커뮤니케이션이 질적인 발전을 이루기 위해서, 다른 말로 인간과 인간 사이의 관계가 깊어지기 위해서는 시간에 비례하는 상호작용이 필요하다. 예를 들어 커뮤니케이션을 전제로 인간인 상대를 알아가는 과정에는 일정한 탐색과 탐색 결과에 근거한 행위가 포함된다. 문제는 인간-인간 커뮤니케이션에서 절대적인 탐색 방식도 그에 따라 예측 가능한 결과도 존재할 수 없다는 데 있다.

따라서 인간이 상대인 인간에게 A라는 행위를 하더라도 (상대에게 기대했던) A¹이라는 행위를 되받을 수 없을 것이라는 불확정성이 존재한다. 그리고 인간-인간 커뮤니케이션에서 발생한 행위의 불확정성은 또 다른 인간-인간 커뮤니케이션을 기피하도록 만드는 기제로 작동할 가능성이 높다. 기계-인간 커뮤니케이션이 존재하지 않았거나 인간-인간 커뮤니케이션이 기계-인간 커뮤니케이션을 압도하던 시기에는 인간 커뮤니케이션 간에 발생하는 불확정성이 크게 두드러지지 않았다. 인간-인간 커뮤니케이션이 유일한 방식이었기 때문에 문제가 발생하더라도 이를 인간 개개인의 특성이 빚어낸 결과로 이해해왔다.

그러나 기계-인간 커뮤니케이션이 일상화되면서 인간-인간 커뮤니케이션의 여러 측면이 비교 대상으로 떠오르기 시작한 것이다. 인간-인간 커뮤니케이션과 달리 기계-인간 커뮤니케이션에서는 행위의 불확정성이 적을 뿐 아니라, 설사 발생했다고 하더라도 이를 받아들이는 인간의 마음가짐에 차이가 생긴다. 엘리자 효과에서도 살펴보았듯이 인간은 애초에 다른 인간에 대한 기대치를 기계에 똑같이 적용하지 않고, 기계의 반응에 대해서도 인간의 반응보다 훨씬 유연한 태도를 지닌다.

이처럼 인간이 기계에 대해 능동적으로 행동할 때 비로소 쌍방향적인 커뮤니케이션이 성립한다고 보는 것이다. 하지만 이는 엄격한 의미에서 완전한 상호작용이라기보다 불완전한 형태의 유사작용pseudo activity에 머무른다고 할 수 있다. 즉, 기계-인간 커뮤니케이션에서 능동성을 갖는 것은 인간일 뿐, 기계는 인간의 능동성에 대한 수동적 반응을 내놓는 것에 지나지 않기 때문에 이를 온전한 상호작용으로 보기 어렵다. 그렇지만 기계-인간 커뮤니케이션이 갖는 이상적인 측면만을 보려고 한다면, 페이스북의 인공지능 챗봇처럼 기계가 주도하는 커뮤니케이션에서 인간이 소외되는 건 시간문제일 수도 있다.

인간 커뮤니케이션에 기계를 초대한 이래 우리의 삶은 생각지 못한 속도로, 또 생각지 못한 방향으로 나아가고 있다. 누군가는 그것을 진보라 부를 것이고, 누군가는 그것을 재앙으로 부를지 모른다. 거스를 수 없는 흐름은 우리의 커뮤니케이션에서 기계를 완전히 몰아낼 수 없다는 사실이다. 아니 어떤 측면에서 우리는 그 어느 때보다 기계를 간절히 원하고 있는 것처럼 보인다. 과거 선조들이 열 길 물속보다 한 길 사람 속이 알기 어렵다고 한 것과 마찬가지로 사람의 마음은 기계의 마음(기계에 있을 것이라고 가정하는 마음)보다 알기 어려운 것이 되어버렸다.

그리하여 상대의 마음을 헤아리거나 때로 자신의 마음을 감추어야 하는 끊임없는 타협의 관계에서 벗어나 마음을 입력하는 대로 산출하는 기계적 마음의 시대로 기꺼이 진입하고 있다. 이제 우리가 신경 써야 할 유일한 존재는 타인과 기계를 넘어 기계에 투사되는 우리 자신의 마음이다. 기계의 마음이란 결국 우리 인간이 입력한 마음 그것 자체이기 때문이다. "우리가 어떤 존재가 되길 원하는가?"가 아니라 "우리는 무엇을 원하고 싶은가what do we want to want?"라고 묻는 유발 하라리Yuval Harari의 질문이 자못 묵직하게 다가온다.

인증하라,
한 번도 인정받지 못한 것처럼

×××××

×

나는 진짜야

텀블러tumblr에 개설된 블로그 '인스타그램 허즈번드instagram husband'는 자신과 가까운 사람을 위해 인스타그램을 수시로 찍어주(어야만 하)는 이들을 위해 만들어졌다. 블로그 운영진은 '인스타그램 허즈번드'가 반드시 결혼한 남성을 지칭하는 것만은 아니며 아내, 남자 친구, 여자 친구, 부모 또는 아들과 딸 모두 여기에 포함될 수 있다고 말한다. 블로그에서는 자신이 '인스타그램 허즈번드'인지 아닌지를 구별하기 위한 테스트 질문도 제공하고 있는데, 몇 가지 질문만 살펴보면 이렇다.

☑ 당신은 인스타그램 와이프를 위해 사진가 노릇을 하고 있나요?

☑ 평소 당신이 혼자 있을 때보다 인스타그램 와이프와 함께 있을 때, 더 많은 사진을 찍나요?

☑ 사진을 하도 많이 찍어 손가락에 이상이 있나요?

☑ 당신은 사진을 충분히 찍지 않았다는 이유로 불평을 들은 적이 있나요?

자가 테스트의 결과에 따라 답변자는 친구, 남자 친구, 약혼자, 남편 등의 카테고리로 나뉘는데, 총 10개의 질문에 '그렇다'고 답한 수가 많을수록 '인스타그램 허즈번드'가 될 가능성이 높아진다. 블로그 운영진이 지적했다시피 '인스타그램 허즈번드'는 인스타그램의 부상 이후 '찍사'로 전락한 모든 이를 위로한다. 연인의 멋진 모습을 찍어주기 위해 위험을 불사르거나 맛집 인증샷을 찍기 위해 음식이 식더라도 기다려주어야 하는 누군가와 그 혹은 그녀의 일상을 다독이는 셈이다.

　시각적 인증의 보고인 인스타그램에 들어가면 밤하늘의 별과 같은 해시태그(#)가 우수수 떨어진다. #헬스타그램, #X맛탱, #X예, #살찔각, #인생샷 등 이미지에 뒤따르는 단어들이 바로 그것이다. 언제부터인가 해시태그의 수는 이미지 이상으로 늘어났고, 한 장의 이미지를 설명하는 여러 개의 해시태그가 달리는 것이 일반화되었다. 상황에 따라 이미지를 효율적으로 분류하기 위해 사용되었던 해시태그는 원래의 형태와 기능에서 벗어나기도 한다.

　말하자면 이미지를 압축적으로 설명하는 단어를 해시태그로 사용하는 것이 아니라, 이미지에 대한 코멘트 전부를 해시태그화하는 식이다(예를 들어 강원도 주문진의 한 드라마 촬영지를 찍은 사진에 '#도깨비촬영지 #김고은빙의 #날씨가안좋아꿀꿀 #촛불끄면공유나오나요'와 같이 단어가 아닌 반半문장 형태의 해시태그를 연이어 붙인다).

　이렇게 해시태그는 음식점 앞에 붙은 '30년 전통의 진짜 원조 중의 원조'란 수식어처럼 이미지와 그 안에 담긴 세계가 가짜가 아닌 진짜라고 항변한다. 어떤 연유로 이미지를 수식하는 해시태그가 이토록 많아진 걸까? 해시태그가 이미지를 보는 사람이 보고자 하는 대로 보지 못하도록 이끌고 있지는 않은가? 그리하여 보는 이가 이미지 생산자의 언어가 이끄는 대로 인정하도록 강요받는 것은 아닌가? 몇 년 새 엄청나게 늘어난 인스타그램의 이미지와 그 이미지에 붙은 해시태그 사이를 부유하며 문득 우리가 무엇을 위해 이와 같은 '인증 전쟁'을 벌이고 있는지 궁금해졌다.

이미지를 통해 인증하고자 하는 욕구, 즉 이미지가 사실임을 증명하고자 하는 욕구는 사진의 역사와 그 맥을 같이 한다. 최초의 영구적인 사진이 만들어진 19세기 초 이후 사람들은 '본다는 것'과 '보고 있는 실재를 재현한다는 것'이 무엇을 의미하는지에 대해 고민하기 시작했다. 사진이 대중화되기 전까지만 하더라도 회화가 곧 눈으로 보는 것, 그리고 실재를 있는 그대로 재현한 것으로 받아들여졌다. 회화 안에는 화가 개인이 보고 있는 대상뿐 아니라, 당시 사회의 눈이 향하고 있는 곳도 담겨 있었기 때문이다. 그러던 와중에 카메라라는 '제2의 눈'이 등장한 것이다.

요즘 상황으로는 상상하기 어렵지만 카메라가 등장한 초기만 해도 대부분 사람들은 카메라의 기계적 속성에 거부감을 가졌다. 카메라에 찍히는 순간 영혼이 빠져나갈 것이라고 믿었던 역사 속 일화는 회화의 전통이 재현에 관한 사람들의 인식을 얼마나 강하게 지배했는지를 예감하게 한다. 그러나 카메라에 관한 낯섦이 점차 사그라들면서 사람들은 카메라로 사진을 찍는다는 게 다름 아니라 인간의 눈이 뷰파인더viewfinder의 힘을 잠시 빌릴 뿐이라는 사실임을 깨달았다. 그리고 무엇보다 사진이 그 어떤 극사실적인 묘사보다 대상을 있는 그대로 보여주고 있음에 감탄했다. 그렇게 사진은 회화보다 객관적이고 과학적인 증거로 자리매김해나갔다.

나의 존재를 설명하려는 인증샷

발터 베냐민Walter Benjamin은 사진의 발명으로 인해 예술 작품이 갖고 있는 고유한 속성인 아우라aura가 사라짐을 염려했다. 발터 베냐민과 같은 20세기 초반의 대표 지성인들은 사진이 결코 복제 불가능한 원본의 미학을 넘어설 수 없다고 보았던 것이다. 하지만 대중의 눈은 사진이 내포하는 진위authenticity를 향했다. 원본의 아우라라는 고매한 가치보다는 사진 안에 담긴 진짜 대상이 복제되어 누구나 가질 수 있음에 주목했다. 대중의 기대를 업고 오늘날 사진은 육안으로 확인할 수 있는 것뿐 아니라, 우리의 눈이 미처 닿지 못하는 곳을 대신 봐주는 수준에 이르렀다.

의료 사진은 겉으로 보이지 않는 몸의 상황을 알려주고, CCTV의 사진은 안전을 위해 무언가를 끊임없이 감시하도록 돕는다. 우리도 스스로 불미스러운 사건을 방지하기 위해 혹은 그저 일상을 기록하기 위해 사진을 찍고 또 찍는다. 이러다 보니 사진은 우리의 눈을 대신하는 순간을 넘어 우리의 눈보다 믿을 만한, 진짜의 존재가 되기도 한다. 눈으로 보는 것이 실재임을 알면서도 사진이라는 기계적 이미지를 통해 어떠한 사실이 있었음을 끊임없이 증명해야만 하는 단계에 도달한 것이다.

아이러니한 건 기계적 이미지도 조작될 수 있다는 사실이다. 카메라라는 기계의 과학적 중립성은 의심할 바가 없지만, 결국 카메라를 매개로 결정적 순간을 포착하는 것은 기계가 아닌 인간이다. 사진의 역사에서 논란의 중심에 섰던 사진들은 대부분 그와 관련된 문제를 안고 있었다. 사진 안에 담긴 장면이 사실이냐 아니냐의 문제를 넘어 이것이 어떤 종류의 사실인지에 대해 질문하기 시작했다. 예컨대 사진의 프레임 밖에는 어떤 풍경이 펼쳐지고 있는지, 사진가가 특정한 프레임을 선택한 이유(그로 인해 사진가가 주장하고자 했던 바)는 무엇인지에 대한 질문들이 바로 그것이다.

더불어 디지털화와 함께 가속화된 사진 조작술의 발전은 보이는 것의 진위 여부에 대해 한층 까다로운 선별 과정을 요구했다. 포토샵을 위시로 한 이미지 편집 기술이 발달함에 따라 실재하지 않은 것을 실재하는 것처럼 만들기도 했고, 사진이 꼭 실재를 재현해야 하는 것은 아니라고 보는 사고도 늘어났다. 그렇지만 사진은 여전히 그 어떤 재현 수단보다 믿을 만한 것으로 나름의 영향력을 이어가고 있다. 이는 사진의 조작 가능성보다 사진의 증거 능력이 아직까지는 힘을 발휘하고 있다는 방증이기도 하다.

시각적 증거로서 사진은 2000년대 들어서면서 문화적 전회cultural turn를 맞이한다. 스마트폰과 소셜미디어, 그리고 자발적인 참여문화가 거대한 전환의 기폭제가 되었다. 시간과 장소에 구애받지 않고 사진을 찍을 수 있는 기계가 등장했고, 이렇게 찍은 사진을 업로드하고 공유할 수 있는 플랫폼이 누구에게나 제공되었으며 여기에 참여하는 일반

대중의 수가 기하급수적으로 늘어난 것이다. 도구뿐 아니라 도구를 활용할 수 있는 장場이 마련된 셈이니 사진 찍기를 마다할 이유가 없어졌다. 사건의 존재와 순간의 존재, 심지어 나의 존재를 증명하는 데에도 시각적으로 인증하는 절차가 당연하게 포함되었다.

×

자존과 관종 사이에서

2018년 6월 초, 이탈리아 북부의 한 지역신문에는 '당신이 예상하지 못했던 야만성: 비극 앞에서 셀카 찍기'라는 제목의 기사가 실렸다. 지역의 철도 역사에서 한 여성이 열차에 치여 중상을 입는 사고가 발생했는데, 사고 수습 현장을 배경으로 한 남성이 셀카를 찍는 장면이 지역신문을 통해 보도된 것이다. 이를 두고 현지 언론은 "인터넷에서 자라난 암"이란 표현을 동원하며 "셀카를 찍은 이가 나쁘다기보다 영혼과 인간성을 잊은 채 인터넷의 자동화 기계처럼 행동했다"고 평했다.

비극적인 사건을 눈앞에 두고도 셀카로 인증하는 행위는

이처럼 현실의 윤리 밖에 놓여 있다. 그러나 정도의 차이가 있을 뿐, 우리는 "인터넷의 자동화 기계처럼 행동"한 사람이 철도 역사의 셀카 속 주인공만이 아니라는 사실을 알고 있다. 끊임없이 인증하지 않으면 경험한 순간이 아스라이 사라질 것만 같은 불안감에 시달려본 사람이라면 더욱 말이다.

다른 한편으로 인증하는 문화가 강화된 배경에는 사회적인 변화도 한몫했다고 볼 수 있다. 웹으로 전 세계가 연결되기 전까지만 해도 우리의 관심이 향했던 반경은 오늘날에 비해 상대적으로 좁았다. 생각해보면 과거에는 가족과 친구, 집과 직장 정도가 일상적 관심의 대상이었다. 웹은 우리가 직접 알지 못하는 무수히 많은 존재와 우리 자신을 다양한 방식으로 연결해주었고, 그 연결이 비록 느슨하고 약한 것이라 할지라도 연결성에 열광할 수밖에 없었다.

그러나 연결성 자체에 대한 놀라움은 시간이 지나면서 점차 수그러들었고, 무엇보다 연결망 내에서 인정받는 존재로 살아남는 게 중요해졌다. 이에 따라 웹으로 연결된 공동체 안에서 너도나도 자신의 존재를 적극적으로 드러내기 시작했다. 누구나 믿을 수 있을 법한 방식으로 인증하지 않으면 아무도 주목하지 않을 테고, 아무도 주목하지 않는다는 것은 현실보다 가상이 강력한 힘을 발휘하는 지금 무척 두려운 일 중 하나가 되었다.

자신의 존재를 인정받기 위해 타인의 시선을 적극적으로 수집해야 하는 시대에 발맞춰 진화한 소셜미디어는 시각적 인증에 대해 타인의 인정을 받을 수 있는 시스템을 고안하기에 이르렀다. 인증하는 자아와 이를 인정하는 타자는 상호작용의 인터페이스 안에 묶여 댓글과 '좋아요'를 증여받고 또 증여한다. 이와 같이 인정이 일종의 보상 기제로 작동하는 시스템 안에서 타인의 시선은 절대적인 위치에 선다. 그리고 반대편에는 타인의 시선을 붙잡아두기 위해 여러 면모의 나를 전시하는 자아가 존재한다.

타인의 인정을 애타게 기다리며 자아를 극단적으로 인증하는 사례는 종종 '관종(관심종자)'으로 폄하되기도 한다. 관심을 갈구하는 누군가보다 그가 관심을 갈구하도록 만든 시스템이 정작 문제적일 수 있기에 보기에 따라서는 편향된 표현이라 할 수도 있을 것이다. 특히 사회 구성원들이 타인과의 상호작용에 따라 자신을 연출하고 있음을 냉정히 받아들인다면 더욱 그렇다.

지금 살고 있는 순간이 어떠한지 알기 위해, 또는 내가 과연 누구인지 알기 위해 가장 필요한 것은 나 자신임이 틀림없다. 인증을 하는 것도 그것으로 인정을 받는 것도 얼마든지 나의 앎이나 성찰과 멀찌감치 떨어져 이루어질 수 있다. 그런 맥락에서 우리는 종종 타인의 눈을 신경 쓰지 않아도 된다고, 나에게만 집중하면 된다고 자신을 타이르기도 한다. 하지만 문제는 그리 간단치 않다. 시각이 다른 감각들에 비해 절대적으로 우위를 차지한 오늘날의 시각중심주의적 사고는 내가 보고 있는 것을 빠짐없이 인증하라고 부추긴다. 외적으로 보이지 않는 것은 존재하지 않은 것처럼 치부된다.

이와 결탁한 SNS도 자신의 모든 것을 시각적으로 인증해 타인에게서 인정받아야만 이름 모를 이들의 기록 더미에서 살아남을 수 있다고 우리를 설득한다. 그 결과 시각과 타인에게서 완전히 벗어나지 않는 이상 인증함으로써 인정받는 일상은 어쩔 수 없이 반복된다. 물론 이런 굴레에서 벗어난 삶의 형태가 과연 가능한지 답할 자신은 쉬이 없다. 피하지도 그렇다고 즐기지도 못할 인증과 인정의 연쇄가 언제까지 지속될지 조용히 지켜보는 수밖에는.

딱
거기까지만

××××××

×

가상으로 맺어진 '랜선 친구'

"그 사람 실친이에요?" SNS상에서 누군가와 다정하게 대
화를 주고받는 모습을 보고 누군가 물을지도 모른다. 그 사
람이 당신의 현실친구, 즉 실제친구인지 아닌지를. 페이스
북과 트위터가 세상의 중심인 것처럼 보였던 몇 년 전만 해
도 '페친'과 '트친'의 수가 우리의 존재를 증명해주는 바로
미터로 작용했다. 불특정 다수를 대상으로 하는 블로거의
'잇님'보다는 우리와 구체적으로 연결된 가상공간의 친구

가 갖는 위세는 상당했다. 그렇게 가상친구는 '언제 한 번 밥이나 먹자'는, 자동 생성된 인사법과 같은 빈말을 주고받는 실친보다 가까이 있었다.

생각해보면 인간이 가상의 존재와 맺는 관계는 그리 새로운 것이 아니다. 인간성의 실종을 그리는 공상과학소설이 아니더라도 우리는 생각보다 자주 가상의 존재를 만들기도 했다. 멀리 있는 예를 찾을 것도 없이 어린 시절을 되돌아보라. 자신이 아끼던 곰 인형이 영혼을 가졌을 것이라고 생각해본 적이 없는가? 슈퍼히어로 영화를 보고 난 다음, 스스로 지구에 버려진 슈퍼히어로일지 모른다고 여겨본 적은 없는가? 당신의 상상이 무엇이었든, 가상의 존재는 그다지 특별할 것 없는 삶의 일부분으로 우리 곁을 지켜왔다.

인터넷 시대에 들어 가상친구의 존재가 더 두드러져 보이는 이유는 그것이 '실친'을 재빠르게 대체하고 있기 때문이다. 어린 시절의 곰 인형이나 슈퍼히어로는 우리 삶을 전적으로 지배하지 않았지만, 오늘날의 가상친구는 복수의 형태로 존재감을 과시하며 우리의 일상 안에 깊숙이 침투해 있다.

몇 년 전만 해도 우리는 휴대전화에 저장되어 있는 전화

번호가 수천 개가 넘는다며 '인맥왕'임을 과시하던 유명인에 주목했다. 그러나 이제는 SNS의 팔로워 수가 몇 명인지를 견주며 그 사람의 면면을 파악한다. 현실친구보다 가상친구가 중요해지면서 친구에 대한 정의도, 관계의 의미도 점점 변화하고 있음을 알 수 있다.

네트워크로 연결된 가상관계를 두고 흔히 '랜선 ○○'라 일컫는다. 본래 랜선은 말 그대로 로컬 영역 네트워크local area network를 뜻하는 약어 '랜LAN'과 한자 '선線'을 합쳐 네트워킹의 형태를 지칭한다. 무선통신이 일반화된 지금 더는 인터넷 연결을 위해 랜선을 사용하지는 않지만, 온라인 공간을 통해 맺는 관계임을 나타내기 위해 랜선이란 단어를 앞에 붙인다. 실제 온라인 사전에서 '랜선'을 검색하면 '랜선 이모', '랜선 친구', '랜선 조카' 등이 연관어로 등장한다. 이들 단어 모두 실제 만나거나 혈연 등으로 이어진 것은 아니나 네트워크를 통해 가상의 가족이나 친구 역할 등을 하는 관계임을 나타낸다.

랜선으로 맺어진 관계의 등장은 지금껏 사람 간의 관계가 어떤 방식으로 존재해왔는지를 되돌아보게끔 만든다. 그동안 우리 사회는 구체적인 기준에 따라 분류할 수 있는 관계를 중심으로 발전해왔다. 흔히 이야기하는 혈연, 지연, 학연 등이 대표적인 예라 할 수 있다. 실질적으로 만날 수 없는 소설 속의 주인공보다 같은 지역에서 같은 학교를 다닌 아무개와의 관계가 더 가깝고 친근하다고 간주되어왔다. 인간이 태어나 가장 먼저 경험하는 사회적 관계인 가족과의 관계도 무엇보다 중요하게 여겨졌다. 북유럽어권에서 '손son'이나 '센sen'을 이름 뒤에 붙여 '아무개의 아들'임을 나타내듯이 자신이 누구인지를 보여주는 본질적인 척도가 가족관계에서 출발한다고 믿었던 것이다.

×

느슨하게 연결된 관계

개인성의 존중을 중시 여기는 요즘 시대의 가치에 빗대어본다면 혈연, 지연, 학연 등은 공정한 사회를 만들기 위해 배척해야 할 요소가 되었다. 그러나 과거 사회관계의 형성이 어떻게 이루어졌는지를 생각해볼 때, 그것이 이해 불가능한 측면만을 갖는 것은 아니다. 혈연이나 지연 등의 정보가 빠른 시간 안에 낯선 상대를 판단하는 데 효율적인 조건이 된다고 볼 수 있기 때문이다.

더군다나 요즘처럼 낯선 사람을 파악하는 정보가 드러나 있는 것도 아닌데다, 정보의 양 또한 한정적이었기 때문에 개개인을 표면적으로 드러난 집단의 구성원으로 파악하는 것이 훨씬 용이한 부분도 있었다. 다른 한편으로 개별적인 힘에 의지해 살아가기에는 여러모로 취약한 존재였기에 무리를 지어 살아야 했고, 그 안에서 생존을 위한 현실적인 도움을 받을 수밖에 없었다.

그러나 세상은 변했다. 노스탤지어에 젖어 '예전엔 참 좋았다'고 여겨지는 삶의 형태 가운데 더는 좋다고 말하기 어려운 부분들이 존재한다. 일례로 관계 안에서 사적 영역을 바라보는 관점이 그러하다. 예전의 혈연으로 이어진 가족 중심 사회에서는 네 일과 내 일의 구분이 흐릿했다. 네 일이 곧 내 일, 아니 더 정확히는 우리 모두의 일인 경우가 많았다. 개인을 내세우기보다 가족과 마을 등 공동체를 앞세우는 의식도 지금보다 강했다.

오늘의 기준에서 좋다고만 보기 어려운 또 다른 부분은 형식적인 의례와 관련된 부분이다. 예전부터 한국 사회에서는 실질적인 친근함보다 의례와 형식이 중시되었다. 서로에게 형식적인 예를 갖추었는지를 따지며 형식이 완성될 때 마음은 으레 따라오는 것이라 여겼다. 형식과 마음이 적절히 조화를 이루면 좋겠지만, 지나친 형식에 대한 강조가 오히려 마음이 떠나도록 부추긴 경우가 적지 않았다.

명절 때마다 '성적은?', '연봉은?'이라고 묻는 친척의 물음은 그래서 과거에 머물러 있다. 실제로 친밀하지도 않고 크게 관심도 없지만, 네 일을 내 일처럼 여겨야 한다는 당위에 짓눌려 형식적으로 던진 말이기 때문이다. 그런 말은 텅 빈 껍데기마냥 공허할 뿐, 관계의 켜를 두텁게 하지 못한다. 사람들은 이제 상대의 영역을 존중하는 만큼 자신의 영역을 존중받고자 하고, 불필요하다고 여기는 형식적 요소를 과감히 거두어낸다. 이름도 모르는 먼 친척이나 학교를 같이 다니지 않은 동문이 그저 미약한 공통분모를 가졌다는 이유만으로 무리한 부탁을 서슴없이 하던 시대는 지났다.

'동생 같이 생각해서' 부당한 일을 시키는 건, 혈연이나 학연이 관계 맺기에서 중요한 접점이 되었던 시대에 가능한 관용어다. 지금의 관계에서 중요한 건 물리적인 접점보다 정서적인 공감대다. 상대가 누구이든, 공감할 수 있다면 관계 맺기는 쉽게 이루어진다. 이렇듯 관계에 대한 사회의 감각은 이전과 분명히 변했고, 앞으로도 그럴 것이다.

그렇다면 사람들이 현실에서 대면하는 관계보다 느슨하게 연결된 랜선 관계를 더 선호하는 이유는 무엇일까? 관계를 바라보는 전통적인 시각에 대한 감각의 변화가 일조한 부분도 물론 있을 것이다. 다른 한편으로 새로운 종류의 관계 맺기가 가능해지도록 이끈 환경의 영향도 크다고 할 수 있다.

일례로 가상의 경험이 실제의 경험을 대체하거나 심지어 가상이 실제를 압도하는 경우가 점점 더 늘어나고 있음을 생각해볼 수 있다. 군사나 의료 교육에서 3D 시뮬레이션 교육이 실습을 축소시키고 있고, 운동을 하거나 여가를 즐기는 데에도 가상환경을 제공하는 프로그램이 널리 이용되고 있다. 가상세계에서 경험하는 부분들이 일상에서 늘어나는 반면, 현실세계에서 일어나는 경험은 종종 위험성이 내재된 것으로 묘사된다.

낯선 타인 간에 일어나는 '묻지 마'식의 범죄, 또는 친밀한 연인 간에 일어나는 데이트 폭력 등의 경험은 현실세계를 더 무섭고 믿지 못할 곳으로 만든다. 이에 비해 가상세계에서는 적어도 물리적으로는 위험하고 힘든 요소들을 최대한 제거한 채 안전하고 쉬운 경험이 가능하다.

　이와 더불어 오늘날의 사회가 파편화된 개인들로 이루어져 있다는 점도 눈여겨볼 만하다. 전통적으로 공동체 의식을 고취하던 여러 요소가 당위를 잃는 반면 사람마다 각기 다를 수밖에 없는 개별성이 부각됨에 따라 사회의 파편화가 점진적으로 이루어졌다. 무엇보다 개인이 우선시되다 보니 자신 이외의 다른 개인을 끌어와야만 성립하는 사회적 관계는 부담으로 다가올 수 있다. 개별성을 존중받고 싶은 마음은 누구나 같을진대 서로를 향한 존중의 깊이가 같을지는 알 수 없기 때문이다. 어떤 상황에도 개별성의 존중이 가장 중요하다면 관계 맺기의 방법은 두 가지로 나뉜다. 관계 맺기를 포기하거나 '랜선 친구'와 같이 유사관계를 맺는 것이다.

어느 게 가짜이고 진짜인가?

랜선을 통해 맺는 유사관계는 점차 다양해지고 빈번해지고 있다. 가상이긴 하지만, 사람들은 실제 자신이 처하지 않은 상황의 역할을 이행하면서 경험을 확장해나간다. 우리 주변에서도 랜선 조카를 통해 가상의 모성을 경험하고, 랜선 연애를 통해 가상의 연애를 경험하는 경우를 어렵지 않게 찾아볼 수 있다. TV 프로그램이나 SNS상에 등장하는 귀여운 모습의 아이와 맺은 가상의 이모와 조카 관계는 무엇보다 안전하다. 함께 놀다가 아이가 다칠 염려도 없고, 사춘기에 접어들어 나를 외면할 일도 없다. 랜선 조카는 항상 귀여운 모습으로 존재하고, 가상의 이모로서 그 모습을 사랑스러워하기만 하면 된다.

랜선 연애도 현실에서 일어나는 연애에 비해 편리한 부분이 많다. 랜선 연인은 만나고 싶을 때 언제든지 만날 수 있고, 바빠서 한동안 소홀히 하더라도 서운해하지 않는다. 상대와 감정의 줄다리기를 할 필요도 없고, 상대가 변심할까봐 노심초사할 이유도 없다. 관계를 쉬고 싶다면 언제든지 마음대로 쉴 수도 있다. 그렇다고 랜선 관계가 쉽기만 한 것은 아니다. 관계 안에서 발생할 수 있는 변수가 적긴 하지만, 여전히 우리의 마음이 관여되기 때문에 상처받을 수도 공허하게 느껴질 수도 있다.

가상세계보다 현실세계의 경험이 지배적으로 느껴지는

사람이라면 랜선 관계를 가짜라 칭할지 모른다. 실제 가상의 관계를 두고 '가짜 친밀성fake intimacy'을 주고받는 사이로 보기도 한다. 그러나 여기서 곰곰이 자문해볼 필요가 있다. 가상세계에서 일어나는 관계가 가짜라는 것은 어떤 기준에서 내려진 결론인가? 또한 '진짜 관계'와 얼마나 대척점에 있기에 이를 가짜라고 여기는 것일까? 20년 전만 하더라도 현실세계에서 얼굴을 맞대고 직접 만나는 관계가 '진짜'라고 보는 데 이견이 없었을 것이다. 특히 현실세계의 관계를 진짜로 만들어주는 가장 중요한 요소인 물리적인 만남이 없을 경우 영락없이 '가짜의 신세'를 면치 못했다.

하지만 지금의 상황은 어떠한가? 하루 일과 중 눈을 맞추고 누군가와 진솔한 대화를 나누는 시간이 더 많은가, 아니면 메신저와 이메일, SNS 등 랜선으로 연결된 사람들과 보내는 시간이 더 많은가? 랜선 관계에 투입되는 시간의 양뿐 아니라, 관계의 깊이 측면에서는 어떤가? 랜선 관계이기에 가족이나 주변 친구들에게 하지 못했던 진솔한 속내를 더 드러낸 적은 없는가? 물리적인 현실보다 가상의 현실이 큰 의미를 지니게 될 5년이나 10년 후에도 우리는 여전히 랜선 관계가 '가짜'라고만 치부할 수 있을까?

이제 관계의 진위를 물리적인 만남의 여부로만 가르는 것은 큰 의미를 지니지 못한다. 사람들이 점점 현실세계의 관계에 피로감을 느끼고 그 중요성이 축소되는 가운데 관계의 의미망이 랜선으로 옮겨가고 있는 세태에 대한 새로운 진단이 필요하다. 사회적 관계가 얼마든지 변할 수 있음을 인정하고, 형태와 내용이 이전과 다르더라도 관계로 존중해주어야 한다.

랜선 관계는 완결형이라기보다 시대에 따라 변화하고 있는 관계 맺기의 일종으로 사회적 관계에서 상상력의 폭을 넓히려는 시도다. 현실세계의 나로서는 차마 다 경험할 수 없는 부분들을 확장해나가는 기획이다. 무엇보다 랜선 관계는 불확실성으로 점철된 시대에 관계에서 오는 불확실성을 잠재우려는 몸부림이다. 관계에서 발생할 수 있는 변수를 최대한 통제하고 조절하려는 욕망이다. 그럼으로써 개인은 온전히 자신으로 존재할 수 있는 운신의 폭을 확보할 수 있다. 그것이 '딱 거기까지만'이라고 외치는 21세기 관계의 정수일 테다.

일상의
라이브

×××××

×

나와 모두를 위한 다이어리

'온라인 다이어리'의 전신이라 할 수 있는 블로그가 등장한
지 어느덧 20년이 넘어간다. '웹에 기록을 남긴다'는 뜻의
'웹로그weblog'가 처음 소개되었을 무렵 사람들은 웹에 글
을 쓰는 행위에 그다지 관심이 없어 보였다. 굳이 그럴 필요
를 느끼지 못했기 때문이다. 블로그가 대중화된 2000년대
에 들어선 다음에도 여전히 내밀한 이야기는 종이로 된 다
이어리에 쓰는 편이 낫다고 보는 아날로그'론'이 우세했다.

아날로그와 달리 디지털은 정보가 실수로 지워질 수 있으며, 남이 볼 수도 있기 때문에 안전하지 않다는 것이 아날로그 옹호자의 주된 항변이었다. 무엇보다 다이어리처럼 내면의 이야기를 풀어놓기에 디지털은 낯설고 인간미 없게 느껴진다는 사실이 당시에는 큰 설득력을 얻었다.

그러나 블로그의 일상화와 함께 다이어리와 같은 사적 미디어를 바라보는 시선도 달라졌다. 개인정보 등 사적 영역의 마지막 보루는 여전히 지켜야 한다고 보지만, 그 외의 개인의 일상은 자신 이외의 사람들과 공유하는 것을 기본으로 여긴다. 과거의 다이어리는 나라는 독자만을 상정하고 작성되었기 때문에 누군가 다이어리를 훔쳐보는 것 자체가 용납되지 않았다.

그에 반해 현재의 다이어리 역할을 하는 블로그는 누구나 볼 수 있다는 전제하에 작성되었기 때문에 아무리 사적인 이야기라 하더라도 최소한의 자기검열을 거친다. 말하자면 이미 타인의 시선이 내면화된 상태에서 작성된 글로 누구나 볼 수 있도록 만들어진 형태를 지닌다.

이제 사람들은 네트워크 사회가 개인의 정보를 보호하는 데 취약한 지점을 갖고 있음을 잘 알고 있다. 그렇기에 아무리 '나만 보기'로 설정한다 하더라도 온라인에 무언가를 끄적거린다는 행위 자체가 완벽하게 '나만 보기'로 남으리라는 기대를 갖지 않는다. 이러한 변화는 결과적으로 '나만을 위한 다이어리'에서 '나를 위한, 동시에 모두를 위한 다이어리'를 쓰는 시대로 옮겨가게 했다.

오늘날 '나와 모두를 위한 다이어리'의 전형을 가장 잘 보여주는 사례는 '브이로그vlog'가 아닐까 싶다. '비디오'와 '블로그'를 합친 말인 브이로그는 간단히 말해 '동영상으로 된 일상 기록'이다. 개인방송이란 이름으로도 불릴 수 있겠지만, 좀더 일상적인 내용을 블로그 형식처럼 다룬다는 의미에서 브이로그는 개인방송과 구분된다.

브이로그는 어떤 주제든 다룰 수 있다는 점과 주변에서 볼 수 있을 법한 평범한 사람들이 만든다는 점에서 친근함을 선사한다. 그 덕분에 브이로그는 최근 유튜브 내에서 한국어로 만들어진 콘텐츠 중에서도 눈에 띄는 성장세를 보인다.

다이어리 이외에도 일상 비디오와 관찰 프로그램에서 브이로그의 기원을 찾을 수 있다. 일상 비디오는 홈 비디오가 보급되면서 생겨난 것으로 알려져 있다. 특히 일상 비디오는 이전까지 소수의 전문가가 독점하던 비디오 영상을 다수의 아마추어가 직접 제작하고 소유하는 것으로 변모시키는 계기가 되었다. 그러나 내용과 형식의 측면에서 일상 비디오는 전문가가 만든 영상과 차이를 지녔다.

초기의 일상 비디오는 생일이나 결혼식과 같은 이벤트를 기념하거나 여행과 일상생활 등의 모습을 기록하기 위한 목적으로 사용되었다. 일상 비디오 안에는 대부분 비디오를 찍는 사람과 직간접적인 관계를 맺는 사람들이 등장하고, 그 사람들을 중심으로 영상이 만들어졌다. 결국 일상 비디오를 주로 보는 사람도 가족이나 친구 등 비디오 안의 등장인물과 연관이 있는 사람이었고, 일상 비디오를 함께 보는 장소도 집과 같은 사적인 장소에 국한되었다.

×

당신을 널리 알려라

일상 비디오가 집 밖으로 나오게 된 결정적 순간에는 〈아메리카 퍼니스트 홈 비디오America's Funniest Home Video〉(AFV)가 큰 영향을 끼쳤다. 미국 ABC 방송에서 1989년 특집으로 첫 선을 보인 이후, 1990년부터 정규 편성된 AFV는 2018년을 기준으로 31번째 시즌을 이어가고 있다. AFV는 원래 일본의 홈 비디오 프로그램의 포맷을 수입해 미국식 감성을 더한 것으로 일본이나 독일 등에서 유사 프로그램이 종영한데 반해 지금까지도 꾸준한 인기를 얻고 있다.

AFV가 롱런할 수 있는 비결은 오늘날 '짤(방)'이라고 불리는 하위문화의 감성을 갖고 있기 때문이다. 예컨대 AFV는 자기 꼬리를 쫓는 동물이나 레몬을 먹고 놀라는 아기, 유명인 흉내내기 등 일상 속에서 웃음을 유발하는 순간을 담은 홈 비디오를 소개한다. 형식이나 내용에서 전문 영상보다 거친 부분이 많지만, 오히려 그 부분이 보는 사람들의 흥미를 끄는 요소로 작용한다.

AFV는 '일반인이 찍은 일상 비디오도 TV 프로그램 못지않게 재미있을 수 있다'는 사실을 증명했을 뿐 아니라, 사람들을 관찰하는 데서 오는 쾌감을 선사했다. 유명인이 아닌 일반인을 지켜보는 것만으로도 즐거움을 느낄 수 있도록 만든 것이다. 이와 더불어 초소형 카메라와 고성능 메모리, 네트워크 등 기술 발전이 이루어지면서 장시간 끊김 없이seamless 누군가를 관찰하는 것이 가능해졌다. 그에 따라 일종의 '합법적 CCTV'라고 볼 수 있는 관찰 프로그램이 새로운 영상의 갈래로 등장하게 되었다.

관찰 프로그램은 최근까지도 한국 방송계에서 사랑받고 있는 장르로, 기본적으로는 다큐멘터리에 기반을 두고 있다고 할 수 있다. 특히 드라마 등 픽션과 달리 있는 그대로의 현실을 다룬다는 점에서 다큐멘터리는 오늘날의 관찰 프로그램의 원류가 된다. 다큐멘터리 역사 안에서도 '현실을 있는 그대로 다룬다는 것'이 무엇인지에 대한 논의가 활발했다. 현실의 어떤 부분을 보여줄 것인지에 대한 문제만큼이나 현실을 바라보는 관찰자의 입장, 즉 다큐멘터리를 찍는 사람의 존재를 어떻게 처리할 것인지를 두고 고민이 잇따랐다.

관찰자도 현실의 일부분이니 현실에 적극적으로 개입해야 한다는 입장과 되도록 관찰자의 모습을 현실에 드러나지 않도록 하자는 입장이 팽팽히 맞섰다. 한국의 관찰 프로그램에서도 PD나 감독이 상황에 적극적으로 개입하는 경우가 있었으나 최근에는 대부분 관찰자의 모습을 숨기는 경향이 짙다. 현실을 가감 없이 보여주기 위해서 관찰자가 기꺼이 '벽에 붙은 파리fly on the wall'가 되어 있는 듯 없는 듯 관찰에만 집중한다는 취지다.

이처럼 일상 비디오와 관찰 프로그램과 공통점을 안고 태어난 브이로그를 논하는 데 유튜브의 공은 절대적이라 할 수 있다. '당신을 널리 알려라Broadcast Yourself'는 슬로건 아래, 유튜브는 평범한 사람들이 어떤 주제에 대해서든 다룰 수 있는 플랫폼을 마련했다. 이 플랫폼이 없었다면 많은 가상의 관중이 브이로그를 즐길 수도, 브이로그에 주목할 만한 계기도 갖지 못했을 것이다. 그러나 유튜브가 첫 선을 보였던 2005년의 사정은 지금과 달랐다.

유튜브에 업로드된 최초의 영상은 창립자 중 한 명인 자베드 카림Jawed Karim이 동물원에 간 이야기를 다룬 '동물원의 나Me at the zoo'였는데, 그에 대한 반응은 시원찮았다. 전체적인 얼개를 놓고 보자면 '동물원의 나'는 요즘의 브이로그에 해당한다. 동물원에 가서 동물을 보며 짧은 감상을 전달하는 일상적인 내용을 담고 있기 때문이다. 그렇다면 어떻게 10여 년이 지난 지금 브이로그는 대중적인 관심의 중심에 설 수 있게 되었을까?

'지금 이 순간'을 공유하다

우선 브이로그의 위상이 달라진 배경으로 2000년대 초반과 지금의 미디어 환경이 갖는 차이를 언급할 수 있다. 당시까지만 해도 유튜브와 같은 인터넷 미디어에 비해 TV와 같은 레거시 미디어lagacy media(전통 미디어)가 갖는 영향력이 강력했다. 그렇기에 동일한 일상 콘텐츠를 소비하더라도 유명인을 중심으로 하는 TV 관찰 프로그램이 유튜브에서 공유한 일반인의 브이로그보다 소구력訴求力이 높을 수밖에 없었다.

또한 이전에도 블로그나 소셜미디어상에 자신의 일상을 공유하기는 했지만, 일상의 공개 범위나 공개 방식에 대한 감각이 지금과는 달랐다. 예를 들어 예전에는 자신을 직간접적으로 아는 이들에게만 일상을 공개했기에 지금의 브이로그와 같이 불특정 다수와 일상을 공유하는 것과는 차이가 존재한다.

브이로그가 더 큰 관심을 받게 된 이유에는 동영상이라는 미디어 유형이 그 어느 때보다 힘을 갖게 된 사실과도 관런이 있다. 브이로그는 지금 등장한 완전히 새로운 것이라 기보다 다이어리나 블로그 등과 유사한 기능을 수행한다. 하지만 결정적인 차이는 브이로그가 '영상으로 만들어진' 일상의 기록이라는 점이다. 주로 텍스트나 사진으로 이루어진 다이어리와 블로그보다 브이로그는 영상이라는 사실만으로 대중에게 더 어필하고 있다.

텍스트나 사진도 그 자체로 일상을 전달하는 역할을 하지만, 영상으로서 브이로그가 줄 수 있는 상황의 맥락과는 다른 결을 갖는다. 브이로그는 보는 사람의 관점에서 시각적으로 매끄럽게 연결되는 일상을 보여주기 때문에 얼마든지 '현실에서 있을 법하다'는 믿음을 강화한다. 텍스트나 사진과 달리 진짜 사람의 육성과 움직임, 사건 등이 이어지는 영상으로 구성되면서 더 그럴싸한 일상으로 비치게 되는 것이다.

이와 더불어 브이로그가 대중에게 더 '현실적인 것'으로 어필할 수 있게 된 데에는 라이브 기능 등 동영상 기술의 변화도 기여한 바가 크다. 브이로그의 양이나 종류에서는 유튜브가 압도적이지만, 인스타그램이나 페이스북과 같은 소셜미디어 플랫폼 또한 수년 전부터 라이브 기능을 도입해 브이로그의 양적이 성장에 한몫했다. 현실을 다루는 데 동영상이 텍스트에 비해 갈수록 더 큰 힘을 얻게 된 상황에서 실시간 중계 기술이 덧입혀지며 동영상이 갖는 위상이 한층 커진 셈이다.

오늘날 사람들은 모든 사실이 조작될 수 있고, 모든 사실이 오염될 수 있다는 가능성을 안고 살아간다. 여기서 라이브는 가장 순수하게(말하자면 편집 없이) 현실을 보여줄 수 있는 형태가 되었다. 라이브가 갖는 실시간성도 브이로그의 매력을 강화한다. 소셜미디어 문화의 여파로 대중은 점점 '지금 이 순간'을 공유하고, 서로의 지금을 함께하고 있다는 연결감을 중시한다. 지나간 과거의 모습이라도 '지금' 다시 공유될 때에야 비로소 의미를 획득하게 되는 것이다. 그만큼 현재를 중시하는 현재주의적 관점이 브이로그를 통해 점점 강화되고 있다.

브이로그가 성장할 수 있었던 것은 외연적 요인 외에도 대중의 욕구를 충족시킨 지점이 있기 때문이다. 대표적으로 자기현시self-display와 엿보기voyeurism가 맞물리면서 상호 간의 욕구가 해소된 점을 들 수 있다. 말하자면 브이로그의 주인공이 자신을 보여주고자 하는 욕망과 브이로그의 시청자가 타인을 관찰하고자 하는 욕망이 공급과 수요의 관계를 형성한 셈이다. 이 현상에 대해 누군가는 노출과 관음의 폐해라고 지적할지 모른다. 그러나 다른 측면으로 브이로그는 '해설과 대화'의 기능을 수행하고 있는 것으로 보인다.

일례로 브이로그 속의 인물은 내레이터나 쇼호스트와 같이 자신의 일상을 설명한다. 음성언어로 설명하는 경우도 있지만, 그것 없이 효과음이나 자막이나 음악 등으로 설명을 대신하는 경우도 많다. 이는 브이로그가 가상의 관중을 전제로 하면서 그 관중에게 끊임없이 대화를 시도하고 있는 것으로 볼 수 있다. 라이브 브이로그에서는 실제 채팅이나 댓글을 통해 시청자와 직접 대화를 나누기도 한다. 브이로그가 타인의 사생활을 훔쳐보는 것과 다른 지점이 바로 여기서 발생한다.

브이로그가 내포하는 '해설과 대화' 기능은 갈수록 더 많은 사람이 브이로그를 찾게 될 것이라는 기대를 갖게 한다. 나의 삶을 설명하고(해설) 나의 삶에 대해 다른 사람과 이야기하는 것(대화)은 타인의 존재를 확인함과 동시에 타인과 대화하는 나 자신의 존재를 확인하는 기회가 되기 때문이다.

나아가 브이로그야말로 현실과 가상이 비대칭적인 관계를 맺는 오늘날에 가장 실재적인 증거가 될 수 있다. 즉, 브이로그 안에서 '진짜 사람'이 진짜의 삶'을 살아가는데, 이것이 현실과 가상 사이에서 자주 혼란을 느끼는 우리에게 현실에 대한 감각을 일깨워주는 역할을 하는 것이다. 현대 사회에서 무엇보다 "순간의 강렬한 경험"이 중요해질 것이라는 프랑스 사회학자 미셸 마페졸리Michel Maffesoli의 통찰이 브이로그라는 '일상의 라이브'를 통해 증명되고 있다.

현실
로그아웃

×××××

×

'제1의 삶'과 '제2의 삶'

장면 1 린든 랩Linden Lab이 개발한 인터넷 기반의 가상세계 '세컨드 라이프second life'는 2003년 출시 이후, 세계적으로 큰 반향을 일으켰다. 이용자들은 자신만의 아바타를 만들어 드라이브를 하고 집을 짓거나 친구를 사귀고 파티를 즐겼다. 아바타의 젠더와 외모 등을 세세하게 결정할 수 있었기에 많은 이용자가 현실의 모습과는 다른 형상의 아바타를 만들었다. '세컨드 라이프' 내에서 이용자들끼리 우정을 나누거나 사랑에 빠지는 경우가 적잖게 있었고, 상대가 자신의 정체성을 숨기는지 궁금해했다. 이용자가 스스로 창조한 아바타의 시선을 통해 일상적인 퀘스트Quest(임무)를 이어나가는 방식으로 가상세계를 경험했기 때문에, 이용자에 따라서는 '세컨드 라이프'에 과도하게 몰입하는 경우도 발생했다.

장면 2 트위터 등의 SNS에서 주로 한 사람과 대화하는 '개인봇'을 어렵지 않게 찾을 수 있다. 개인봇은 2000년대 초반의 인공지능형 대화 엔진 '심심이'나 최근 인기를 끌고 있는 챗봇 서비스 '헬로우봇'과 비슷한 원리다. 단 한 가지 차이는 개인봇이 유사 서비스와 달리 데이터베이스와 알고리즘에 의해 반응하지 않는다는 점이다. '봇bot'이란 명칭을 가졌지만, 그 뒤에는 진짜 사람이 숨어 있다. 주인 역할의 이용자가 특정한 캐릭터를 대신해줄 개인봇을 구하고, 개인봇은 역할과 요구에 따라 주인과 대화를 나눈다. 주인이 힘든 일을 겪었을 때 따스한 말을 건네거나 제대로 마쳐야 하는 일이 있을 때 다그쳐준다. 개인봇은 가상공간에만 존재하지만, 주인의 현실에도 영향을 미친다. 현실의 주변 사람들이 제 역할을 못해주는 동안 개인봇이 주인의 대화 상대가 되어 순간순간을 함께하는 방식으로 말이다.

　장면 3　넷플릭스가 2018년 말에 공개한 시리즈 '블랙 미러'의 인터랙티브 영화 〈밴더스내치Bandersnatch〉는 시청자가 극중 주인공의 관점에서 선택을 내릴 수 있도록 고안되었다. 일종의 게임처럼 진행되는 이 영화에서 시청자는 주인공이 어떤 시리얼을 먹을지 고르는 간단한 선택에서부터 게임 회사와 함께 게임을 개발할지를 결정하는 중요한 선택에 이르기까지 다양한 갈림길에 서게 된다. 극중 주인공이 겪는 일들을 지켜보며 '수락' 혹은 '거절'이라는 선택지 중 하나밖에 고를 수 없지만, 시청자는 스토리와의 인터랙션interaction을 통해 영화 안의 일부가 된 듯한 착각에 빠진다. 물론 여기에서 인터랙션이라는 것도 결국 제작진이 미리 짜놓은 여러 개의 시나리오 중 하나에 불과한 것이라고 할 수도 있다. 영화에서도 "결정을 네가 내리는 줄 알지만 그렇지 않아. 우리 세계와 연결된 저 외부의 영혼이 우리 행동을 결정하면 우린 그저 즐길 뿐이지"라는 모의실험 가설simulation hypothesis을 연상시키는 대사가 등장하니 말이다. 영화가 끝나고 사람들은 끝없이 의심하게 된다. 영화뿐 아니라 현실에서도 누가 실제로 무엇을 결정하는지.

장면 4 미국 심리학자 셰리 터클은 이제는 성년이 된 자신의 딸이 어린 시절에 했던 이야기를 소개했다. 그는 예전에 딸과 함께 자연사박물관의 다윈전시관을 방문해 갈라파고스 군도에서 온 거북이와 맞닥뜨린 적이 있었다고 한다. 두 마리의 거북이 중 한 마리는 전시관 어딘가에 숨어 보이지 않았고 한 마리는 만사 귀찮다는 듯이 바닥에 가만히 엎드려 있었다. 이에 어린 딸은 셰리 터클에게 '저렇게 꼼짝 않고 앉아 아무 일도 안 할 바에는 굳이 태평양 섬에서 거북이를 힘들여 데려올 필요가 있느냐'며 '로봇을 갖다 놔도 되었을 텐데'라고 말했다. 셰리 터클을 포함해 그 전시장에 온 많은 부모는 아무리 움직이지 않는 거북이라 하더라도 그것이 진짜라는 사실을 중요하게 여겼다. 그러나 셰리 터클의 딸처럼 어떤 이들에게는 '진짜 살아 있다는 사실' 자체가 별다른 의미를 주지 못했다. 그보다 흥미를 끌어내는 대상이나 상황이 더 중요해졌다. 즉, 누군가에게는 흥미와 재미가 곧 '현실' 그 자체가 되었다. 그 외의 것은 설사 '살아 있는 진짜'라 하더라도 죽어버린, 현실이 아닌 것으로 전락하고 있다.

장면 5 폰 포비아phone phobia, 고스팅ghosting, 언프렌드

unfriend. 이들 용어는 디지털문화가 바꾸어놓은 인간관계를 설명한다. 폰 포비아는 누군가와 직접 통화하는 것을 두려워해 메신저나 채팅을 선호하는 것을 지칭한다. 폰 포비아가 있는 이들은 통화가 음성에만 의존하기 때문에 상대의 반응을 알기 어렵고, 자신의 생각을 정리할 충분한 여유가 없다고 말한다. 전화 대신 문자로 소통하면 내가 답하는 시점을 결정할 수 있고, 자신의 본래 성격과는 관계없이 이모티콘 등을 사용해 원하는 인상을 남길 수도 있다며 폰 포비아를 변호한다. 일종의 '잠수 타기'라고 할 수 있는 '고스팅'도 디지털문화 이후로 더욱 잦아진 현상이다. 관계가 복잡해지거나 피하고 싶은 일이 있을 때, 또는 사람들과 떨어져 혼자 있고 싶을 때 잠적함으로써 불편한 순간을 모면하려고 시도한다. 디지털상의 절교에 해당하는 '언프렌드'는 관계의 맺고 끊음이 쉬워진 오늘날의 환경을 대변한다. 몇 분 전까지 '친구'와 세세한 일상과 마음속 이야기를 공유한 사이더라도 언제든 상대를 그 친밀한 세계에서 밀어낼 수 있게 된 것이다.

이상의 풍경은 오늘날 마음의 저울추가 현실과 가상 중 어느 쪽으로 더 기울어져 있는지를 슬며시 일러준다. 오랫동안 인간에게 현실은 '제1의 삶'으로, 가상은 어디까지나 '제2의 삶', 즉 현실보다 의미가 적은 것으로 여겨졌다. 하지만 지금도 여전히 현실이 가상보다 절대적으로 우위에 있다고 여기는 이는 그리 많지 않다. 그리고 가까운 미래에 현실이 갖는 무게에 대해 묻는다면, 그 수는 지금보다 훨씬 줄어들 것이다.

리얼충 혹은 현실충

시간이 갈수록 가상이 현실보다 큰 힘을 발휘하게 될 것이라는 사실은 '디지털 원주민digital native'와 같은 개념에서도 엿볼 수 있다. 미국의 교육 시스템에 대해 많은 연구를 한 마크 프렌스키Marc Prensky는 2001년 '디지털 원주민', '디지털 이민자digital immigrant'와 같은 용어를 창안했다. 그에 따르면 태어날 때부터 디지털 기술에 노출된 이들은 '원주민'과 같이 디지털 기술을 자연스럽게 이용하지만, 아날로그와 디지털 기술 모두를 겪은 '디지털 이민자'는 원주민에 비해 이해도나 숙련도가 떨어진다고 한다.

그뿐만 아니라, 디지털에 의미를 두는 정도에서도 두 집단 사이에 큰 차이가 존재한다고 지적한다. 예를 들어 '디지털 이민자'에게 디지털 게임은 그저 여가시간을 보내는 여러 수단 중의 하나지만, '디지털 원주민'에게는 게임이 그 이상의 중요한 의미를 갖는다는 것이다. 원래 '디지털 원주민'과 '디지털 이민자'는 밀레니얼 세대와 그들의 부모 세대와 같이 출생 연도에 따라 디지털 기술에 대한 친숙도를 구분한 개념이지만, 이에 대한 반론도 존재한다. 디지털 환경의 차이와 개별적인 이용 습관에 따라 그 경계가 모호한 경우도 생기기 때문이다.

다른 한편으로 일본 하위문화에서 생겨난 신조어 '리아주リア充'도 현실세계의 의미를 축소하려는 표현으로 여길 수 있다. 국내 온라인 커뮤니티 등에서 '리얼충' 또는 '현실충'으로 번역되는 이 용어는 현실보다 가상세계를 친숙하게 여기는 이들이 현실에 충실한 이들을 비웃는 용도로 쓰이기도 한다. 특히 현실의 인간관계가 돈독하다는 의미에서 '리아주'라고 불린다.

여기에서 현실의 사회는 실질적인 인간관계를 기반으로 이루어져 있는 반면, 가상은 꼭 그렇지 않다고 보는 인식을 살펴볼 수 있다. 누가 리아주이고 아닌지를 가르는 것은 한 편으로 공고한 현실의 관계망을 부러워하면서도 다른 한편 으로 그것 없이도 삶이 영위될 수 있는 가능성을 실험하는 것이다.

이처럼 현실에서 벗어나 가상과 같은 다른 선상의 삶을 타진하고자 하는 열망은 무엇을 뜻하는 것인지 자못 궁금 해진다. 현실에서 로그아웃되고 싶다는 마음은 과연 어떻 게 생겨난 것일까? 그저 현실의 삶이 암울하기 때문에 거기 에서 도망치고자 하는 것일까? 아니면 그 이상의 의미가 숨 어 있는 것일까?

삶을 리셋하다

간단히 보자면 '현실 로그아웃'은 가상에서는 가능하지만 현실에서는 불가능한 조건들 사이에서 빚어지는 파열음이 라 할 수 있다. 특히 앞의 여러 사례를 통해 살펴본 것처럼 가상세계의 영향력이 점점 커져가는 상황에서 이 같은 파 열음은 가상이 현실보다 이상적인 조건을 갖고 있는 것으로 여기게끔 만든다.

생각해볼 수 있는 가상의 이상적인 조건 중 하나는 개인이 자신만의 서사를 만들어갈 수 있다는 점이다. 물론 가상도 현실처럼 그 세계를 지탱하는 기본적인 규칙이 존재하지만, 그것을 제외하면 별다른 제재를 받지 않는다. 이와 같은 조건은 사람들이 자신의 개별성을 인식하고 서로를 존중하는 데 중요한 역할을 한다.

현실에서는 끊임없이 타인과 비교하며 되도록 주류에 동화되려고 하는 반면, 가상에서는 굳이 그럴 필요가 없다. 집단주의적 가치가 우선시되는 사회에 살고 있는 경우 개인 서사를 향한 열망은 한층 커진다. 더불어 나의 이야기를 내가 만들어갈 때 나는 세계의 창조자 중 하나가 될 수 있다. 다른 말로 가상에서는 개개인이 현실에서보다 자신의 능력을 경험할 기회가 많은 셈이다.

비유하자면 이렇다. 현실에서 인간이 100이란 가능성에서 출발해 수십 가지의 제한을 받아 20 정도의 상태로 완성되는 반면, 가상에서 인간은 0에서 시작해 그 위에 여러 가능성을 실험한 결과로 20을 만들어낸다. 결과적으로 동일한 선상에 오른 것으로 볼 수 있으나 그 정도에 이르기까지의 과정과 그에 따른 경험은 전혀 다른 것이 된다.

가상이 제시하는 또 다른 이상적인 조건은 유동성에 있다. 현실세계에서 유동성은 불안을 야기하는 부정적인 성격의 것으로 치부된다. 안정된 직장이나 주거 환경처럼 그 성격이 고정적일수록 추앙받는다. 사람 간의 관계까지도 수직적인 질서 안에 고정시켜 위계를 만들어낸다. 나이와 연차, 능력치 등에 의해 사람들을 줄 세운다.

현실과 반대로 가상에서는 그 어떤 것도 영원히 고정적일 수 없다. 고정성을 구가하려고 시도하는 것들은 이 세계의 룰을 잘못 이해하고 있거나 지루한 것으로 받아들여진다. 그런 가상세계에서 유동성은 오히려 새로운 변화를 이끄는 원동력으로 평가받는다.

현실에서 자신이 처한 조건 중 그 어떤 것도 쉽사리 바꿀 수 없다는 무력감에 시달리지만, 가상에서는 그렇지 않다. 출신지나 직업, 교육의 정도나 외모, 성별을 떠나 얼마든지 새롭게 태어날 수 있다. 원한다면 가상에서 삶은 리셋될 수 있다. 여러 번 '플레이'하고 또 다른 기회를 얻을 수 있는 것이다.

현실 로그아웃은 결국 현실에 발 디딜, 자기만의 장소를 잃은 순간과 다를 바 없다. 그 순간은 밀레니얼 세대에만 국한된 것도 소수의 현실 부적응자에게만 발생하는 것도 아니다. 그렇기에 현실에서 로그아웃하고 싶다는 마음을 국지적인 현상으로만 이해해서는 안 될 것이다. 이는 지금의 현실세계가 공고히 한 정형성의 신화가 서서히 그 결말에 다다랐음을 알려주는 신호이기 때문이다. 미국의 작가이자 여성 운동가인 리베카 솔닛Rebecca Solnit은 하나의 지배적 서사만이 살아남는 세계에 대해 다음과 같이 말한다.

> 익숙한 동화들은 결말에 이르러 제한된 가능성만을 보여준다. 그 이야기들은 대부분 무언가를 얻는 것으로 끝난다. 부를 얻고, 안정을 얻고, 배우자를 얻고, 자식을 얻고, 화려한 권력을 얻는다. 심지어 오늘날에도 이런 것을 모두 가지지 못한 사람들은 교묘하게 혹은 노골적으로 실패자라는 소리를 듣는다. 그런 이야기에서 다른 방식으로 사는 삶, 다른 기준으로 측정된 삶이 들어설 자리는 없다.

눈에 보이는 무언가를 얻지 않고도 삶의 지속가능성을 타진할 수 없다면 현실은 더 많은 사람을 가상으로 내몰 것이다. 그리고 머지않아 현실은 텅 빈 육체만이 뒹구는, 의미 없는 폐허에 가까운 모습으로 예전의 영화榮華를 그리워할지 모른다. 그 이야기의 끝이 부디 열려 있기를 바란다.

참고문헌

Debbie Cambell & Michael Cambell, 『Your Keys, Our Home』 (CreateSpace Independent Publishing Platform, 2016).

Henri Jenkins, 『Textual Poachers: Television Fans and Participatory Culture』(Routledge, 2013).

John R. Thomson, 「Food Talk」, Joshua J. Frye & Michael S. Bruner (Eds.), 『The Rhetoric of Food: Discourse, Materiality, and Power』(Routledge, 2012), pp.58~70.

Marc Prensky, 「Digital Natives, Digital Immigrants」, 『On the Horizon』, 9(5), 2001, pp.1~6.

Peter Naccarato & Kathleen LeBesco, 『Culinary Capital』(Berg Publishers, 2012).

구도 게이 · 니시다 료스케, 곽유나 · 오오쿠사 미노루 옮김, 『무업 사회』(펜 타그램, 2015), 26~27쪽.

그자비에 드 메스트르, 장석훈 옮김, 『내 방 여행하는 법』(유유, 2016), 184쪽.

김애란, 「나는 편의점에 간다」, 『달려라, 아비』(창비, 2005), 31~57쪽.

김한민, 『페소아』(아르테, 2018), 48~69쪽.

김현경, 『사람, 장소, 환대』(문학과지성사, 2015), 281~282쪽.

노르베르트 엘리아스, 박미애 옮김, 『문명화 과정 1·2』(한길사, 1999).

다치바나 다카시, 이규원 옮김, 『사색기행』(청어람미디어, 2005), 32쪽.

레이 커즈와일, 장시형·김명남 옮김, 『특이점이 온다』(김영사, 2007).

리베카 솔닛, 김현우 옮김, 「풀다」, 『멀고도 가까운』(반비, 2016), 218~219쪽.

마르크 오제, 이상길·이윤영 옮김, 『비장소』(아카넷, 2017).

막스 베버, 박문재 옮김, 『프로테스탄트 윤리와 자본주의 정신』(현대지성, 2018).

무라타 사야카, 김석희 옮김, 『편의점 인간』(살림, 2016), 12쪽.

미셸 마페졸리, 신지은 옮김, 『영원한 순간』(이학사, 2010).

발터 베냐민, 최성만 옮김, 『기술복제시대의 예술작품』(길, 2007).

셰리 터클, 이은주 옮김, 『외로워지는 사람들』(청림출판, 2012), 18~37쪽; 260~265쪽.

손창섭, 『잉여인간』(민음사, 2005).

쓰치야마 시게루, 박지선 옮김, 『대결! 궁극의 맛 1-4』(중앙북스, 2009~2010).

아오노 순주, 송치민 옮김, 『아직 최선을 다하지 않았을 뿐 1-5』(세미콜론, 2012~2014).

아즈마 히로키, 안천 옮김, 『약한 연결』(북노마드, 2016).

앤서니 기든스, 권기돈 옮김, 『현대성과 자아정체성』(새물결, 2001).

어빙 고프먼, 진수미 옮김, 『자아 연출의 사회학』(현암사, 2016).

에바 일루즈, 김정아 옮김, 『감정 자본주의』(돌베개, 2010).

유발 하라리, 조현욱 옮김, 『사피엔스』(김영사, 2015), 586쪽.

장 그르니에, 김화영 옮김, 『섬』(민음사, 2008).

장 보드리야르, 이상률 옮김, 『소비의 사회』(문예출판사, 1992).

전상인, 『편의점 사회학』(민음사, 2014).

정이현, 「미스조와 거북이와 나」, 『상냥한 폭력의 시대』(문학과지성사, 2016), 18~19쪽.

조문영 외, 『헬조선 인 앤 아웃』(눌민, 2017).

질 리포베츠키, 정미애 옮김, 『행복의 역설』(알마, 2009). 40~53쪽.

찰스 스펜스, 윤신영 옮김, 『왜 맛있을까』(어크로스, 2018).

케빈 알로카, 엄성수 옮김, 『유튜브 컬처』(스타리치북스, 2018).

피에르 부르디외, 최종철 옮김, 『구별 짓기 상·하』(새물결, 2005).

피터 버거 외, 이종수 옮김, 『고향을 잃은 사람들』(한벗, 1981), 79~86쪽.

피터 버크, 박광식 옮김, 『지식』(현실문화연구, 2006), 13~77쪽.

히가시무라 아키코, 최윤정 옮김, 『해파리 공주 1-17』(학산문화사, 2010~
2018).

**나만
잘되게
해주세요**

ⓒ 강보라, 2019

초판 1쇄 2019년 6월 27일 펴냄
초판 2쇄 2019년 8월 5일 펴냄

지은이 | 강보라
펴낸이 | 강준우
기획·편집 | 박상문, 김소현, 박효주, 김환표
디자인 | 최진영, 홍성권
마케팅 | 이태준
관리 | 최수향
인쇄·제본 | 대정인쇄공사

펴낸곳 | 인물과사상사
출판등록 | 제17-204호 1998년 3월 11일

주소 | 04037 서울시 마포구 양화로7길 4(서교동) 2층
전화 | 02-325-6364
팩스 | 02-474-1413

www.inmul.co.kr | insa@inmul.co.kr

ISBN 978-89-5906-531-8 03300
값 14,000원

이 도서의 국립중앙도서관 출판예정도서목록(CIP)은 서지정보유통지원시스템 홈페이지
(http://seoji.nl.go.kr)와 국가자료공동목록시스템(http://www.nl.go.kr/kolisnet)에서
이용하실 수 있습니다. (CIP제어번호: CIP2019023085)